Michael Prestwich

著者简介
迈克尔·普雷斯特维奇
英国历史学家，研究领域为中世纪英国史。获英国牛津大学博士学位，曾任教于英国杜伦大学，担任该校历史学系主任，现已退休。著有《中世纪的人》《百年战争简史》《罗马的敌人》等。

译者简介
孙宇超
上海交通大学翻译硕士在读，译有《骑士》《动物像人的一面》等。

骑

[英]
迈克尔·普雷斯特维奇
Michael Prestwich
著

孙宇超 译

Knight

士

广东旅游出版社
GUANGDONG TRAVEL A TOURISM PRESS

中国·广州

大西洋

苏格兰
班诺克本
凯尔勒乎热克
内维尔十字路口

英格兰

伦敦

罗泽贝克
科特赖克

阿金库尔

克雷西 兰斯
奥雷
巴黎 法国
普瓦捷 劳彭 森帕赫
利摩日 莫尔加滕
波尔多 米兰 威尼斯
帕多瓦
纳胡拉 佛罗伦萨
阿尔茹巴罗塔 锡耶
卡斯蒂利亚 阿拉贡 罗
葡萄牙 那
格拉纳达
撒丁岛
马略卡岛

神圣罗马帝

布

突尼斯
马赫迪耶

300 英里
500 千米

北

柯尼斯堡
马林堡
克 坦能堡

立陶宛

匈牙利

多瑙河

尼科波利斯

黑海

君士坦丁堡

罗得岛

塞浦路斯

克里特岛

阿卡

地 中 海

耶路撒冷

亚历山大里亚

目　录

— 1 —

骑士的世界

所有完成军事天职之人，均应获得奖赏与荣耀。

——若弗鲁瓦·德·沙尔尼，《骑士之书》（1350—1351）

* * *

想象一下：你骑着骏马，身披闪闪发亮的盔甲，手执盾牌，挥舞着利剑或骑枪。再想象另一幅画面：你置身于宫廷之中，四周佳人环绕，你的英勇无畏众人皆知。你当然有可能渴望成为一名骑士。但在 15 世纪早期，当骑士可不容易。不是说你买了一匹马和一套铠甲就是骑士了，你还要学习很多东西。或许有些书会让你知道什么是理想的骑士精神，却不会告诉你哪些实用的建议能让你在战场上赢得荣耀（这还挺容易丧命）。本书正好能提供此类建议。

14 世纪开始之后，整个欧洲战争频发，骑士随之成为战场上最受人瞩目的角色。骑士不仅是打仗的兵，更是骑士精神的典范、美德的楷模。英勇、忠诚、慷慨、怜悯，乃是他们的行事准则。

然而在现实的战争之中，骑士往往不能达到理想中的状态。

骑士在战场上被装备弓箭和长枪的普通士兵挑衅，而且经常落败。他们下马徒步作战的情况比骑马作战的情况更多。所谓的骑士精神，到现实中往往就变成了狡诈、欺骗、贪婪和残忍。

本书提供的建议均源自骑士和战士的实际经验，而不是基于任何浪漫的骑士文学。亚瑟王或者其他虚构英雄的传奇故事或许能让你在攻城战或战斗间歇时开心一下，甚至有时还能为你规范一下骑士般的行为，但在现实中，它们可能对你毫无帮助。

今天的骑士从过去骑士的英雄事迹中获得鼓舞。这张图片展示了著名英雄布永的戈弗雷和他的随从策马参战的样子。戈弗雷是 11 世纪第一次十字军东征的领导者之一。

本书不仅想教骑士如何打一两场仗，还要教他们管理地产、参与当地政治，以及出席法庭。本书同样是一本骑士的作战手册。

战　争

战争是很复杂的。骑士全副武装，冲锋陷阵，就是战争吗？其实没有这么简单。开战之前，大量的组织工作必不可少。国家需要建立征税系统，为多达 3 万人的军队筹备资金。还要有复杂

1302 年，科特赖克战役。

1346 年，克雷西战役。

的信贷体系，信贷体系由国际间的商业银行运营，它让统治者或城市能在短期内打耗资巨大的仗。此外，还要建立能为军队提供所需的几百吨饮食的后勤系统。如果要打围城战，还要提前准备攻城器械。得到各国承认的惯例相当于战争法，约束着冲突行为和冲突之后的事情。如果你有开启骑士生涯的雄心壮志，上述的一切你都必须了解。机会等着你去抓住。

战斗的地点

打仗在欧洲是家常便饭，所以作为骑士的你很容易就能找到效力对象。国与国之间冲突不断，烽火连年，其中最为持久的当属法国与英国之间的百年战争，于1337年开始，持续了约100年。当时的情况很复杂。一方面英王是法王的封臣，他发动战争被认为是叛乱。另一方面，英王在血统上又可以合法地自称法国国王。频繁的地方冲突和内部矛盾使它更像是法国内战，而非英法间的战争。这场战争里有几场大型战役，其中3场英国取胜的大战役是：1346年克雷西战役、10年后的普瓦捷战役以及1415年阿金库尔战役。

法国想占领低地国家的野心也引发了很多战争。最开始是1302年的科特赖克战役，当时佛兰德斯诸城的军队战胜了法国占领军。然后是1382年的罗泽贝克战役，这一战法国大胜。相似地，英格兰也觊觎苏格兰，因此一些战役就不可避免了。英格兰在爱德华一世在位时期获得的胜利，却因为其子爱德华二世在1314年班诺克本战役大败而毁于一旦。然而在苏格兰下一任国王大卫二世在位时期，大卫二世于1346年内维尔十字之战被英格兰军队俘虏。另一个为独立而战的国度是瑞士。在1315年的莫尔加滕战役和1386年的森帕赫战役中，瑞士步兵都战胜了哈布斯堡家族的军队。

在意大利，各个城市之间经常换边站队，战事频仍，米兰、佛罗伦萨、威尼斯是其中最强大的，它们之间时常保持敌对状态。城市的财富和参战的机会就像一块磁铁，把士兵从德意志等地统统吸引过来。再往南的地方，教宗不仅仅享有一种精神上的势力，也是意大利半岛复杂政局中的一位"玩家"。那不勒斯王国由安茹

5

王朝统治，与阿拉贡国王统治下的西西里产生冲突。

最近，伊比利亚半岛给那些雄心勃勃的骑士提供了很多发展机会，特别是因为 14 世纪 60 年代卡斯蒂利亚王国出现了复杂的家族争斗，14 世纪 80 年代葡萄牙为独立而战。

在欧洲另一端的波罗的海，德意志人持续向东扩张了很多年，对此反抗最为激烈的就是立陶宛人。所以说，上战场的机会一大把，比如说，你可以加入条顿骑士团领导的军队。条顿骑士团是一支宗教性十字军。其实在地中海地区，参加十字军的机会还是很多的，但想成功却没那么容易。

个人职业生涯

接下来我们会谈谈 3 位重要的骑士，大概说一下他们的生平事迹，从而说明骑士这个职业的未来潜力。

若弗鲁瓦·德·沙尔尼

德·沙尔尼在他那个年代是最著名的法国骑士，他写过一本为骑士职业定标准的书，也就是《骑士之书》。他的军事生涯开始于 1337 年，这一年之后英法之间时不时兵戎相见。1342 年，德·沙尔尼在莫尔莱被英国人俘虏，不久后被赎回。他在 1343 年被授予骑士爵位，然后在 1345 年参加了一次最后没有成功的十字军东征。虽然德·沙尔尼没有参与 1346 年的克雷西战役，但是他之后在战争中发挥的作用越来越大。1349 年，他打算用贿赂的方式收回莫尔莱，却未成功。他再次被英国人俘虏，又再次被赎回。德·沙尔尼是星辰骑士团的第一批成员，随后被选中去扛那面著名的法国战旗"金焰之旗"（Oriflamme）。1356 年，他在普瓦捷战役的战场上光荣牺牲，死的时候战旗还紧握在他的手中。他写作《骑士之书》是想对法国的骑士制度进行创新和改革，他在此书中树立了骑士的典范。

约翰·霍克伍德

霍克伍德出生于英国埃塞克斯，他首次参与军事活动是在法国。但是英法双方在 1360 年签署了一项没有维持多久的和约，他只好去别处继续职业生涯。他在意大利混出了名堂，赚到了一些钱，创办了一支雇佣兵部队，称为"白色军团"。他曾为比萨、米兰、帕多瓦、教宗国和佛罗伦萨效力，其中为佛罗伦萨效力的这段经历最重要，佛罗伦萨当局对他赞誉有加。1377 年，霍克伍德第一次被佛罗伦萨雇用，此后为这座城市而战，直到他于 1394 年逝世（中间有几段间隔期）。霍克伍德的军事才能非常杰出，他对战争的复杂性有深刻的理解。他不仅是一个战略家、军事家，还是一位有感召力的领袖。他可以在明显处于劣势的时候反败为胜，还能在意大利城市相互争斗的复杂局面中用外交谈判来达到目的。霍克伍德一直都很想回到英国，可是最后长眠于意大利。他属于为佛罗伦萨共和国效力的雇佣兵首领中最有名的一批。

布锡考特

"布锡考特"是让二世·勒·迈格雷的绰号，他的父亲也有同样的绰号，这个绰号暗指"渔网"，没有人知道这个绰号的来源。布锡考特出生于 1366 年，在很小的时候就开始了军事生涯。1382 年，他参加了罗泽贝克战役，法国军队在这场战役中战胜了佛兰德斯军队。他之后继续在西班牙、波罗的海和地中海东部参加战斗。1391 年，虽然他年纪轻轻，却被任命为法国元帅。当时在法国算上他只有两名元帅。1396 年，他参加十字军东征，前往巴尔干半岛攻打土耳其人，同年在尼科波利斯遭到俘虏。获释之后，他又去为拜占庭帝国而战。1401 年，他被法国国王任命为热那亚总督。虽然布锡考特很会打仗，却对政治活动一窍不通，所以在 1409 年被热那亚人赶下台。1415 年阿金库尔战役中，他被英军俘虏，后来一直被关押在英格兰。关于布锡考特的传记写作于 1409 年，传记讲述了他对热那亚的那段没那么成功的统治活动，并为他进行了辩解。尽管传主实际上是一个自命不凡的人，可是这份传记在记载骑士生涯方面堪称经典。

挑　战

　　如果你想成为一个成功的骑士，你还要继续学习很多东西。若弗鲁瓦·德·沙尔尼在他的《骑士之书》中就说，骑士应当英勇无畏，应当乐于投身于战斗和冒险。他们将经受艰难困苦，要面对无尽的考验。他们也会陷入恐惧，可能战败，甚至遭到俘虏。法国诗人克里斯蒂娜·德·匹桑也对骑士有过类似的描述。她认为，一个骑士应该才智过人、风度翩翩、彬彬有礼、慷慨大度，而且遇事冷静镇定。骑士应该为了荣誉而不惜远行千里，应该在战斗中有开拓进取的精神，并引以为傲。以上都是理想化中的骑士准则，但是如果你真的想成功，你还需要学一些实用的东西，比如一点点狡诈的伎俩。

　　你必须掌握一些技能。比如说，如果你不会骑马，不能挥动骑枪，不会用剑和盾打仗，那么你的骑士生涯肯定走不远。此外，骑士比武和参加真实的厮杀分别需要你掌握不同的技能。由于战斗是极其耗费体力的，你有可能在地中海的炎炎烈日下作战，也有可能在波罗的海地区的寒冷冬夜里战斗，所以你需要拥有强健的身体。然而，仅有以上这些还是不够。你还需要充分了解骑士文化，了解其中所有模糊和自相矛盾的地方。作为骑士，你可以参加比武大会，享受宫廷文化中的情歌、爱情故事，还有晚宴和舞会。然而，当你上了战场，面对战争残酷的那一面，肆意破坏土地、屠杀平民百姓时，也要像在舞池里那般舒适自在。除了以上这些，你还要有一点商业头脑，尤其是在拿俘房索要赎金的时候。

你应该还有不少东西需要学。你只要认真遵循本书的专业指导，你的骑士生涯最后必定是光荣无比的。只要跟着建议做，你绝不会失败。

注　意

我们尽最大的努力以使本书中的建议最贴近当今的时代。书中的所有观念和知识代表了 1300—1415 年这段时期的认识。

— 2 —

教养与训练

要学习骑士相关的事情和各种技艺，这些东西会帮你在战争中获得荣耀。

——汉科·多布林格，《决斗》，1389 年

* * *

身为一名骑士，你应该具有骑士应有的素质和品格。你需要会使用武器，还要能规范自己的言行举止，知道怎样融入上层社会。

儿时的玩乐

想学会如何在战场上打仗，先从童年时的玩耍活动开始。

‡ 白镴做的骑士模型就是非常好的玩具。

‡ 爱德华一世把城堡和攻城武器的玩具给了他的几个儿子，

让他们拿去玩。

† 理查二世小时候有大炮玩具可以玩。

布锡考特小时候和小伙伴一起玩耍时，他们会把帽子想象成头盔，将木棍当成剑，模拟围城或打仗的场景。布锡考特算是好孩子，而贝特朗·杜·盖克兰却不算好孩子，尽管他后来在英法百年战争中为法国的胜利贡献甚多。杜·盖克兰在布列塔尼长大，常常把家附近的小孩找来凑成一伙，然后组织大家来做骑马比武的游戏，但是后来他父亲不让他继续玩，于是他跑到附近的村子里找人打架。他的父亲无可奈何，只好把他锁在家里。然而他父亲并未意识到，他那倔强的儿子正是在学习非常有用的骑士技艺。

贵族家庭里的生活

在成为一名骑士之前，你可能会被送到其他贵族的家里去做侍童，以接受各种训练和教育。作家克里斯蒂娜·德·匹桑在25岁时她的丈夫就去世了，她把大儿子送到英格兰的索尔兹伯里伯爵家里去做侍童。索尔兹伯里伯爵在1397年逝世，于是匹桑又给奥尔良公爵写了一首诗，想把儿子推荐给他。她在诗中说："为此，我恳求英勇而尊贵的公爵先生，让吾儿服侍您。"

在贵族家庭里，会有老师来负责教导这些孩子。老师会教你怎样保管和维护武器装备，还会教你如何使用它们。好好看，好好听，你可以从骑士和侍从那里学到很多东西。若弗鲁瓦·德·沙尔尼就说过：

> 他们喜欢听勇士谈论打仗的事，喜欢看手执武器、身披甲胄的军人，也喜欢看威风凛凛的战马。

骑士应该能熟练地使用各种武器，也应该学习得体的宫廷礼

图中是法国诗人和作家克里斯蒂娜·德·匹桑与她的儿子。后来她把儿子送去英格兰学习礼仪和使用兵器。

仪，比如在宴席上等待进餐时的各种礼节。还有别的贵族文化需要你去学。虽然关于纹章的一切事务都可以交给专门的纹章传令官去处理，但是你仍然需要学会识别和描述各种盾徽，要尽量记住相关知识。这非常重要，因为你要在厮杀时凭借辨别纹章来弄清谁是敌人、谁是自己人。你还要了解过去的骑士英雄，比如亚瑟王和圆桌骑士的故事，因为这些故事可以激励你。但是要注意，布锡考特可能不喜欢你去读这些没什么用的东西，他只想让你读一些严肃的作品，也就是希腊和罗马的史书，以及圣人的传记。

体能训练

想成为优秀的骑士，你需要有好的体质、精力、视力和协调性。要有以上这些，你需要刻苦训练。布锡考特在这个方面是一个很好的榜样。他小时候就知道运动能力对骑士的重要性。他的训练方法包括：

‡ 长跑，这有助于提升耐力。
‡ 从地上直接跳上马背。
‡ 托举重物，以锻炼手臂力量。

他能做到的锻炼内容还有：

- 穿着全套盔甲（除了头盔）翻筋斗。

- 穿着钢制胸甲，不用脚爬梯子，而是仅用手抓着踏板从梯子背后往上爬。

- 然后更进一步，不穿盔甲，仅用一只手爬梯子（信不信由你）。

布锡考特坚持不懈地训练使用骑枪等武器。他虽然个子不高，却是一个非常优秀的健儿。他不仅在战斗方面非常出色，在战场之外还是一位出色的网球运动员。

练习使用骑枪和剑

骑枪不是一种好使的兵器。等你用得熟练了，你才能稳稳地握紧骑枪，再精准地击中目标。孩子可以先让玩伴拉动小车，自己坐在车上练习使用骑枪，然后再到马上练习。有各种靶子供你使用，其中最好的是枪靶（quintain）。枪靶的结构如下：一根竖直的木桩顶上接着一根横着的梁，横梁可以自由旋转。横梁的一端固定着一面盾牌，作为靶子，而另一端绑着一个有一定重量的麻袋，与盾牌保持平衡。在训练的时候，如果你刺击的地方不对，或者移动得太慢，另一端的麻袋就会晃过来狠狠地打你一下。所以你需要坚持不懈地练习。

同样，需要持久的练习才能熟练使剑。而且，你不仅需要熟悉单手执剑的方法，还要能双手执剑。剑的功能包括：

‡ 可以劈砍，也可以刺击。
‡ 可以用来防御，也就是格挡敌人的攻击。

练习在马背上用剑也非常重要。在尼科波利斯战役中，布锡考特骑在马上用剑左右挥砍，冲破了土耳其军队的队列。与敌人近距离战斗时，不要忘了剑柄和剑柄的圆头也可以拿来攻击。

而对于步行作战，你应该练习4种基本的用剑防御手段，练习这些防御手段的变体，将它们与各种刺击和劈砍的技巧结合起来。有一些德意志的书籍详细阐述了各种剑术技巧，比如《决斗之书》，此书写道：

> 你应该重点关注敌人上半身露出来的地方，而非攻击下半身。你要巧妙而迅速地打击或刺击他剑柄以上的地方。你最好朝敌人剑柄以上的地方攻击，别攻击剑柄以下的地方。这也可以让你在发动攻击时更加安全。

不是每个人都适合学习剑术这门技艺，只有军事精英才能精通。14世纪早期，当时的击剑大师罗杰·勒·斯克苏尔在伦敦开了一所击剑学校。然而后来有人指控他"诱惑达官显贵的孩子把爹妈的钱浪费在学击剑上面，训练效果还差，导致这些孩子都误入歧途"。罗杰本来就不该给这些城里人传授军事技艺。

骑　马

你应该熟练掌握骑马的技巧，这非常重要。骑马时，你要踩着长长的马镫，保持上身挺直的姿势。你需要时刻控制好马匹，保持平稳，做到"人马合一"。你要学会适度使用缰绳和马刺，不要用得过猛。你应该以西班牙骑士佩罗·尼诺为榜样——据说"他对马的各种事都了如指掌，会收集马、照料马，对马匹非常细心"。他应该是当时卡斯蒂利亚拥有最多优质马匹的人。他根据自己的喜好骑乘或训练马匹，一些用于作战，一些用于游行，还有一些用于比武大会。

这块 14 世纪后期的浅浮雕上刻着一位意大利骑士，他的护面甲是打开的。注意他伸直腿骑马的姿势。他左手握着缰绳，腾出右手来舞剑。

打　猎

打猎是社会上层人士主要的娱乐活动之一，也是非常好的练习打仗的机会。若弗鲁瓦·德·沙尔尼就说过："所有有地位的人都适合与鹰隼和猎犬一起进行打猎这项活动。"你可以从打猎中学习以下事情：

- 如何骑马。
- 如何分配猎物，比如猎到一头鹿之后将其切开，按照惯例将鹿肉分给大伙儿。
- 如何用矛杀死野猪或者鹿。这种经验非常有用，因为这跟在战场上杀人很相似。
- 如何使用弓和弩。虽然骑士在战场上一般不会使用弓和弩，但是稍微懂一点它们的使用方法还是很有用的。

你要是不去打猎，就很难获得战友的尊重。英格兰国王爱德华二世就是这样一个不幸的例子。他从不打猎，反而热衷于搞一些下贱的事，比如跟一些低微的人一起围篱笆、挖沟。这样的人在战场上输得干干净净也毫不奇怪。他最后丢掉了王冠，也丢掉了性命。

读写能力

就像布锡考特那个时候一样，骑士很少能有上学的机会，但是骑士依然要学习读书写字。战争不只是骑马冲锋就完事了，你要知道，这是一个官僚主义的时代，你需要保管士兵的花名册，需要读得懂文书再根据文书内容执行，还要签署协议和合同。确实会有书记员来处理这些事，但是你要有一定的读写能力才能监督他们——这很重要。你可能觉得"骑士要有文化"这种说法简直让人吃惊，但你要知道，英格兰骑士托马斯·格雷甚至写过一本叫作《斯卡拉编年史》的历史著作，兰开斯特公爵亨利著有宗教著作《圣药之书》。你在战场上还能通过念诵来提升同伴的士气，据说苏格兰国王罗伯特·布鲁斯就曾为此对部下念诵费拉布拉斯的传奇故事。费拉布拉斯是西班牙国王之子，传说约有 4.5 米高，但后来光荣地被强大的骑士奥利弗击败了。

下面是一些骑士的必读书目：

‡ 古罗马作家维吉提乌斯的《兵法简述》。这是一本讲军事技艺的经典书籍，据说其法语译本由克里斯蒂娜·德·匹桑完成。不过你不必完全遵循本书推荐的训练方式。作者认为年轻人应该学会游泳，但对骑士来说会不会游泳都没关系。

‡ 若弗鲁瓦·德·沙尔尼的《骑士之书》。

国王猎鹿的场景。鹿是最受欢迎的猎物。
捕猎活动对骑士而言是绝佳的锻炼机会，
不过骑士不需要在战场上张弓射箭。

童年与娱乐

贵族家的孩子常有奶娘照顾，孩子一般在3岁断奶。

✛

现在的孩子和以前的不一样。据说1348年大瘟疫之前出生的孩子有32颗牙，大瘟疫之后出生的只有20或22颗。

✛

萨里伯爵约翰·德·瓦伦小时候住在爱德华一世家里，当时有17个仆人服侍他。

亨利五世在9岁时就拥有了一把剑。

✛

布锡考特上学时被一个小孩以撞到自己为由打了一顿，也没有因此哭泣。

✛

若弗鲁瓦·德·沙尔尼认为球类运动是女人玩的，男人不能玩。

✛

狩猎时，如果猎到了鹿，其左肩肉应该授予最优秀的猎手，右肩肉应该赠予护林人。

✦ 博学的加泰罗尼亚作家拉蒙·柳利的《骑士团之书》。这本
书涉及的内容与沙尔尼的著作很相似，它详细阐述了骑士
在理想状态下应具有的美德。

参与战斗

骑士训练的最后阶段就是积累参战经验。实际上，孩子在很
小的时候就可以上战场锻炼锻炼了，比如以下例子：

✦ 爱德华三世在 1327 年对抗苏格兰人的威尔代尔战役中冲在
阵列前面，他当时只有 14 岁。

- 冈特的约翰在 1350 年只有 10 岁，可能连兵器都扛不起，他和哥哥黑太子爱德华一同参加了当年的温切尔西海战。
- 布锡考特在 1378 年只有 12 岁，被带到诺曼底参战。12 岁真的是太年轻了，所以不出所料，他回家后遭到了嘲笑："老师看哪，这个纤细的大兵，回学校来啦！"

一般来说，年轻人在十八九岁首次拿起武器参加战斗的情况要常见一些。

年轻的侍从

接受了使用武器的训练之后，你不会直接成为骑士，而是先做一个侍从，或许就像英国诗人乔叟在《坎特伯雷故事集》中描述的那样。乔叟笔下的侍从是骑士的儿子，当时 20 岁，有参加对法战争的经历。他穿着时髦，擅长骑马和骑士比武，掌握了宫廷礼仪，会唱歌、跳舞、绘画和写字。他是个年轻人，心中充满爱，在不久后肯定会被授予骑士身份。

其实侍从上战场时的武器装备跟骑士的差不多，只是不会穿贵重的盔甲，没有优良的战马。有的人要做很多年侍从才能成为骑士。菲利普·切特温德在 1316 年成年，当时他正在服侍德雷顿爵士拉尔夫·巴西特，预想自己到 1319 年就能成为骑士了。但他

这张图出自《坎特伯雷故事集》的手抄本。图中一个服饰华丽的侍从讲了一个关于遥远之地的浪漫故事，却没有把故事讲完。

到 1339 年才成为骑士。事实上，现在越来越多的侍从没能走完成为骑士的最后一步。

你的收获

训练过程虽然艰苦，却非常有必要。你最终成为骑士的时候，不会有测试来看你是否掌握了使用武器的技能，大家认为你理所当然地已经掌握了相关技能。在战斗之前，你也不必再接受训练，你的长官会认定你已经具有足够的能力。经历长期训练之后的你应该已经具备以下能力：

- 有了强壮的身体。

- 知道如何训练和骑乘自己的马匹。

- 能熟练使用骑枪和剑。

- 掌握了宫廷礼仪。

现在的你，已经准备好成为高素质的军事精英中的一员，有望成为一位举世闻名的战士，一个真正的勇士。正如编年史家傅华萨所说：

> 木无火不燃，同理，如果没有超群的能力，再高贵的人也无法收获完美的荣耀或世上的荣光。

— 3 —

成为骑士

骑士勋位其实比想象中的要尊贵和荣耀得多。骑士不应该因为懦弱、恶行或丑事而自损身份。只要骑士戴上头盔，就应该像看见猎物的雄狮一般英勇无畏。

——1385 年葡萄牙国王若昂在阿尔茹巴罗塔战役开战之前

授封骑士时的发言

* * *

成为骑士是你人生中很重要的一步。骑士册封仪式是这个过程中很重要的一环，需要你去严肃对待。成为骑士之后，你将担负新的责任，需要接受骑士准则的约束。

谁可以成为骑士？

骑士身份是家族世袭的。如果你的父亲是骑士，那么你应该也能成为骑士。在法国来说，如果你没有任何贵族血统，想成为骑士将会是极其艰难的。其实，任何想坐在马背上手持骑枪和盾牌厮杀的人都必须拥有良好的血统。良好的血统会给你赋予良好的素质和美德。除此之外，你也不能是一个凭体力劳动过活的人。从理论上讲，如果普通人获得了国王专门授予的"贵族授予状"，他也能成为贵族，不过这种情况极其少见。尽管如此在法国也有一些身份相对低微的人成为贵族的例外情况——在战场表现得特别英勇的人将自然而然地成为贵族。

- ✝ 贝特朗·杜·盖克兰出生于布列塔尼的一个地位低微的小贵族家庭。然而他因为卓越的军事才能而当上了法国骑士统帅。他甚至在西班牙获得了一个公爵头衔，得到了格拉纳达王国。
- ✝ 布锡考特的父亲来自图赖讷的一个普通家庭，后来进入了国王的宫廷，展现了超群的外交本领和军事才能，之后于1356年被任命为法国元帅。

西班牙的情况与法国很相似。对于卡斯蒂利亚骑士佩罗·尼诺来说，他的贵族血统发挥了至关重要的作用。他父亲是法国王室的后裔，母亲来自卡斯蒂利亚的一个显赫的贵族大家族。

英格兰的情况应该简单得多，因为从理论上讲，在英格兰，只要某人拥有每年能生产40英镑财富的土地，他就应该成为一名骑士。而且上面会定期下达法令要求他们这么做，否则他们就要上缴罚款。如果出身卑微或者出身可疑的人想获得骑士身份的话，在英格兰可能比在法国更容易实现，尽管你在英格兰并不会看到骑士挑选和雇用学徒的场景。下面是一些出身低微的人当上骑士的例子：

- 詹姆斯·奥德利，他从任何标准来说都算得上是英雄，然而是一个私生子。
- 罗伯特·诺利斯，他出生于英国柴郡的一个自耕农家庭。
- 约翰·霍克伍德，他出生于英国埃塞克斯，父亲是一个拥有小块土地的制革工人。然而有传言说约翰小时候在伦敦给裁缝当过学徒，这可能是一则恶意伤人的谣言。
- 罗伯特·萨尔，他在1382年的一次农民起义中被杀，然而讽刺的是，据说他自己的出身也是一种没有自由的农民——隶农。

在德意志，有一些骑士祖上是没有自由身份的人。"家臣"（Ministeriale）是一种服侍国王和贵族的官员，到11—12世纪时获得了非常高的社会地位，尽管他们还是不自由的。到14世纪，他们的出身被遗忘了，于是所有的骑士都被认定为世袭的贵族。然而在德意志，如果出身低微的人想跻身上流社会，他一定会遭到排挤。14世纪的诗歌《佃户赫尔姆布莱希特》就说，赫尔姆布莱希特是一个农民，扮成骑士做抢劫的勾当，劝自己的姐妹嫁给同伙，却在婚宴当天被政府逮捕了。赫尔姆布莱希特的手下都被吊死，他自己也被打成残废。不久之后，他被曾经遭到他压迫的农民给吊死了。

意大利的情况大不相同。那里大城市居多，所以大部分骑士都住在城里。相比之下，欧洲其他地区的骑士则是住在乡间的庄园里的情况更多。在意大利的一些地区，尤其是在12—13世纪，不具有贵族血统的人想要被封为骑士是非常简单的事情，商人可以用钱买到骑士地位和贵族身份。而如今贵族身份被小心保护起来，真正的骑士封位也只为那些有贵族血统、过着骑士生活的人而保留。佛罗伦萨诗人弗朗科·萨凯蒂就语带讽刺地评论想成为骑士的商人，他说："如果这样的骑士也算骑士的话，那牛啊，驴啊，这些畜生也能被封为骑士啦！"

人数不多的精英群体

骑士实际上是一个开销非常大的职业，很多曾经拥有骑士身份的家族无力继续承担做骑士的巨大开销。13世纪初英格兰有约4000名骑士，100年后却只剩下不到一半。骑士在英法两国都是骑兵里精英中的精英。

在14世纪中叶的法国，活跃的骑士可能不足3700人。而且骑士在骑兵中的比例不足12%，超过87%的骑兵都是侍从或者一般的战士。

在英格兰，骑士的比例较高。1359 年在法国打仗的黑太子军队中，约四分之一的骑兵拥有骑士头衔。骑士的数量从那之后开始下降，到阿金库尔战役时，骑士仅占骑兵的 8% 左右。

现在侍从的身份变得更正式，人们获得侍从身份就感到满足的情形越来越多。比如，侍从可以佩戴纹章。当一个法国骑士质疑约翰·德·金斯顿时，理查二世给予约翰这样做的授权：

> 我们接受他的时候他是个有地产的绅士，我们让他成为侍从，想让他未来凭借纹章——确切地说是银底纹章、蓝色帽子和红色鸵鸟羽而见者识之。

虽然侍从的数量到处都在不断增加，但是在社会中和战场上，毫无疑问骑士才是真正的精英。所以，你奋斗的目标应该是成为骑士。

外　貌

不错的外貌或许能起到一定作用。布锡考特虽然不高，却长得仪表堂堂，他的传记作者说他体格也不错。他胸膛宽阔，肩膀微斜而有型，四肢健硕。他有着棕色的头发和胡子、自信而有智

贝特朗·杜·盖克兰

他是布列塔尼人，家里是小贵族。他在 1354 年被授予骑士爵位。1356—1357 年，他因保卫雷恩而脱颖而出，后于 1364 年在奥雷吃了败仗。后来他去西班牙打仗，又在 1367 年战败于纳胡拉。杜·盖克兰发展出一套对付英格兰人的战术。他最大的成就完成于 1369 年英法之间再次开战之后，那时他为法国国王夺回了大批土地。1370 年他被任命为法国骑兵统帅，后在 1380 年去世。

慧的面容。但是，如果你觉得自己长得没那么好看，也不必太担心。因为仅从外貌上来说，贝特朗·杜·盖克兰也不算理想的骑士，他长得又矮又黑又丑，却创造了非凡的成就。

学者拉蒙·柳利告诉我们，如果你太胖或者身体有残疾，就无法成为骑士。当然，如果你本身就不太想成为骑士，身体残疾就是一个很方便的借口。1346 年，英格兰国王爱德华三世命令贝拉阿卡的约翰成为骑士，约翰违抗了国王的指示，后来却被赦免了——因为他右脚畸形。

骑士册封仪式

　　成为骑士之前，你必须先做一段时间的侍从，以获得有用的经验。做骑士没有固定的年龄，而是取决于你自己的意愿，取决于你是否能负担所需的花销。如果你运气够好，你的领主会为你提供一些费用。成为骑士之后，最重要的事就是你要接受骑士守则中所包含的职责：你要堂堂正正地拿起武器，为教会而战，为领主而战，为家族而战。正如若弗鲁瓦·德·沙尔尼说的：

如这幅 14 世纪早期手抄本的插图所示，接受骑士腰带是册封仪式中非常重要的一个环节。实际上，骑士腰带在象征意义上甚至比剑更重要。

31

让我们为那些用武力来获得上帝恩宠的人而战，为灵魂的救赎而非世上的荣誉而战，他们高贵的灵魂将会在乐园永生。

沙尔尼在书中还描述了典型的骑士册封仪式的全套流程。仪式开始时，你先要对过去犯下的罪行进行忏悔。

1. 在真正的册封仪式开始的前一天，你需要先去洗澡，多洗一会儿。你可能并不经常洗澡，甚至对此有一点厌烦，但是这一步是必不可少的。沐浴的真正目的并不是让你的身体变干净，尽管确实会让你干净一些。但这更多的是为了象征意义：沐浴让你洗去罪恶，摆脱以往生活中的一切污秽。

2. 洗浴完毕时，你将成为一个全新的人。接下来你必须到一张铺着干净亚麻布的新床上休息，这寓意你已经度过了一场面对罪孽和魔鬼的艰难战斗。

3. 接下来你要起床，此时会有骑士来帮你准备适合仪式场合的着装。以下服装各有含义：红色长袍，代表你愿意挺身捍卫信仰，不惜流血；黑色长袜，提醒你人终有一死；白色腰带，寓意纯净与贞洁；红色斗篷，表示谦逊。穿上这些之后，你需要去教堂里守夜祈祷一段时间。

4. 册封仪式第二天进行，最开始是一个弥撒仪式，之后：

‡ 骑士会把镀金马刺固定到你的靴子上。

‡ 你会被授予一条腰带，它是一种很重要的骑士精神的象征物。

‡ 授予你骑士荣誉的那个人会走近你，交给你一把剑，亲吻你，再轻拍你的肩膀。

仪式中有许多庄严的程序和有寓意的地方。尽管仪式中到处都是宗教元素，但是事实上，骑士册封仪式并非由教会执行——这一点与国王的加冕礼不一样。骑士是一个世俗的头衔，册封仪式应该由有声望的骑士执行。

也可以有规模非常大的骑士册封仪式。比如在 1306 年的英格兰，一次约有 300 人同时被封为骑士，而且国王的儿子——未来的爱德华二世也在其中。新册封的骑士会获得制作斗篷用的布、一套床垫和被子。下面的收据可以提供更多细节：

　　我，威廉·贝尔，从王室衣储事务官乌斯法勒特的托马斯先生处获得如下物品，以作凭国王宝玺之命将亨利·勒·瓦瓦瑟尔封为骑士之用：1 件科因特西亚（cointesia），需要 6 厄尔长的塔尔苏斯布；1 件佩纳，需要 8 块松鼠皮；守夜祷告时穿的披风，需要 4 厄尔长的棕色混纺布；2 件长袍，需要绿色和蓝色的布各 10.5 厄尔、"泼普"皮及松鼠皮各 2 张（每张由 6 块皮制成）、2 胡德貂皮（每胡德由 4 块皮制成）；床上用品，被子需要 2 段马沙努金布、1 块

24 厄尔长的精纺毛料、10 厄尔长的帆布。

那 300 名即将成为骑士的人将在威斯敏斯特教堂完成守夜祷告活动。但是当时没有应有的那种庄严肃穆的景象，教堂被大批情绪高涨的民众围住了，现场人声鼎沸，到处是叫喊声和吹号声。一些有抱负的骑士甚至跑去其他教堂，比如圣殿教堂，却发现这些教堂里也挤得满满当当。威斯敏斯特教堂里的册封仪式成了一场灾难，圣坛旁边有两名骑士被踩踏致死，还有一些人被挤得昏了过去。尽管发生了这些悲剧事件，庆祝仪式的盛大宴会还是照常举行了。两只镀金的天鹅摆在宴会桌中央，新受封的骑士对着它们宣读誓言。百余名游吟诗人在宴会上奏乐演唱。

战前的册封仪式

如果你受不了这么复杂的骑士册封仪式，你也不必担心，因为还有更简单的方法。按照习俗，军队长官会在战斗前夕把一些部下封为骑士，而且仪式非常简单，只需要宣个誓，再拍一下受封人的肩膀即可。

☨ 1346 年英格兰军队即将在诺曼底登陆时，爱德华三世将黑太子等人都封为了骑士。

‡ 1367 年在西班牙，在战争临近之时，英格兰军队中的许多士兵都被封为骑士。约翰·钱多斯的传令官对此描述说："王子首先封佩德罗国王为骑士，接着是托马斯·霍兰德、休·菲利普以及彼得·考特尼，然后是约翰·特里维特和尼古拉斯·邦德。公爵也封了许多骑士，其中包括拉尔夫·卡莫伊斯、沃尔特·厄斯威克、托马斯·达维梅特里和约翰·柯伦登，他总共封了大约 12 个骑士。"

‡ 小布锡考特在 1382 年的罗泽贝克战役前夕才由波旁公爵授予骑士头衔。

1385 年阿尔茹巴罗塔战役前夕，葡萄牙国王宣布，任何想成为骑士的人都可以走上前来，约有 60 个人往前走了。不知道出于什么原因，军队里的英格兰人没有一个领情的，可能是因为他们不想被外国人封为骑士吧。

这种战前的骑士册封仪式有时也会出岔子。1339 年英军和法军在比尔伦福瑟对阵时就出现了尴尬的事。当时双方都没有必胜的把握，所以没有正面开战。然而，士兵都已经全副武装，准备好战斗，却陷入漫长而无聊的等待中，观察敌情。就在此时，一只野兔突然跑到两军之间的场地上，两军看到它之后都开始变得吵闹和躁动。一些人听到噪声，以为开战了，匆匆把随从封为骑士——这些可怜的小伙儿后来都被称为"野兔骑士"。

纹　章

纹章对于骑士来说极其重要。纹章不仅是一种辨别身份的标志，也能传达很多信息，包括所有者的血统和社会关系。你不大可能获得一个全新的纹章，因为你的父亲很可能已经有一个了，你只需要对它稍微修饰一下即可。比如说，你可以往上面加"区别标记"（Label）。

‡ 一定要小心，你的纹章千万不要和别人的一样。

‡ 1300 年人们发现布里安·菲茨阿朗和休·波因茨两个人佩戴了同样的纹章时，他们顶多只会惊讶一番。但是在现在，同样的问题要严重得多。

‡ 1356 年普瓦捷战役之前，约翰·钱多斯遇到了法国元帅让·德·克莱蒙。巧的是，他们俩的纹章上都是一个蓝衣女子加上一束日光的图案。克莱蒙谴责英格兰人说："你们自己没有一丁点新意，看到好的就径直抄走。"

‡ 英国的骑士法庭上有一桩著名的案子。1386 年，理查德·勒·斯克罗普和罗伯特·格罗夫纳两人发现他们戴了同样的纹章，于是闹上法庭。最后斯克罗普胜诉。

所以说，一定要确保自己的纹章是独一无二的。如果你有条件选择自己的纹章，你可以在上面体现自己名字的双关寓意。比图中是 1280 年左右的纹章集册，册中有约 700 个骑士的纹章。这种册子通常由纹章传令官制作，上面记录了纹章的样式和象征符号，骑士学习这些知识之后可以辨别其他骑士的身份。

如休·卡尔维里的纹章上就画着 3 只牛犊，罗伯特·德·斯凯尔斯用银色贝壳作为自己的标志。（"卡尔维里"包含"牛犊"一词，"斯凯尔斯"有"介壳"的意思。——译者注）

德雷顿爵士拉尔夫·巴西特的一条规定显示了姓氏和纹章（还有他的床）的重要性，这条规定是：

我规定，任何人只要使用我的姓和我的纹章，他就终生有权使用我的天鹅绒大床，但是应继承我的姓和纹章的人不应放弃使用权。

骑士精神

在成为骑士之前，你必须了解什么是骑士精神。若弗鲁瓦·德·沙尔尼在他的书中认为士兵和骑士应该有相同的价值观。尽管如此，骑士册封仪式也意味着你将正式接受骑士精神。

骑士精神包括：

‡ 慷慨
‡ 礼貌
‡ 英勇
‡ 忠诚

钱多斯的传令官写到黑太子的时候就说：

这位我之前没有提过的王子，从刚出生起就从未想过什么是忠诚和高尚，什么又是勇猛和善良。他的高超武艺是与生俱来的。

黑太子

黑太子是英王爱德华三世的长子，因1346年在克雷西立下战功而出名，后于1355年率军从加斯科涅出发袭击地中海沿岸，于1356年在普瓦捷战役中取胜。后来他前往西班牙作战，于1367年赢得了纳胡拉战役的胜利。可是，他在1370年对利摩日疯狂而残忍的洗劫行径让他臭名昭著。他在几年后病倒，最终于1376年去世。一年后他的父亲也去世了。

　　这些并不是什么新想法，而是在12世纪左右就已经出现了。它们的基石是基督教教义以及战士精神。骑士精神不适用于对待所有人，它是排外的，仅适用于对待社会上具有一定身份的人。农民和普通市民不了解骑士精神，所以你也可以不用骑士精神的准则来对待他们。

　　骑士精神是国际性的。整个基督教世界的骑士都拥有同样的价值观。有关骑士的传奇故事在欧洲广为人知，你可以从这些故事中学到一些关于骑士精神的文化背景。你会发现意大利人非常了解亚瑟王和圆桌骑士的故事，了解程度不输英国人。尽管这个时代人们的民族认同感越来越强烈，但是若你忠于国际化的骑士世界时，就很容易跨越国家和民族之间的界线。你还能发现骑士后来的爱德华二世在 1306 年受封为骑士时，为了举行仪式的宴会，人们总共准备了 5000 条鳗鱼、287 条鳕鱼、136 条狗鱼和 102 条鲑鱼。

☙

据说，格洛斯特伯爵在 1314 年于班诺克本被杀害时，就是因为他当时没有佩戴纹章，所以没有被认出身份。

☙

约翰·霍克伍德也曾是一个骑士，但是我们不知道他到底是在何时何地受封的。

☙

若弗鲁瓦·德·沙尔尼建议说，任何骑士只要不能闯出名声，其牙齿就应该被一颗颗地拔出来。

☙

1382 年罗泽贝克战役前夕，共有 467 个人被封为骑士。

☙

国王在长子被封为骑士时可以向臣民征一次税，领主在长子被封为骑士时可以向佃户收一次租。

非常尊重其他骑士，即使他们在战场上互为对手。

骑士的晋升

成为骑士之后，你可以进一步晋升为方旗骑士（Banneret）。成为方旗骑士后，你的旗帜变为一块方形的旗帜，而不是以前那种长长的燕尾旗。你在战场上还能指挥一支规模更大的军队，肯定比你当普通骑士时指挥的要大得多。这个晋升纯粹是军事等级上的提升，对你的社会等级没有什么影响。你也不会因此额外套上成为骑士时得到的荣誉、英勇之类的骑士精神的条条框框。

傅华萨记载了约翰·钱多斯晋升的经历。1367年纳胡拉战役前夕，约翰把自己的旗帜递给黑太子，说他已经拥有了足以让自己获得晋升的封地。黑太子就把约翰的旗帜的尾部剪去，使之成为方形，然后交还。这个晋升的程序看似简单，但是钱多斯为了证明自己晋升的合理性，不仅需要在战场上有所成就，还要证明自己有足够的财富来维持他的新位置。因此，你别指望自己能做方旗骑士很多年。

如果你想成为更高级的军官，可以考虑一下元帅（Marshal）和统帅（Constable）。下面两件事可能对你有用：

✝ 布锡考特之所以能够晋升为元帅，原因之一就是他父亲也曾担任元帅。

✝ 贝特朗·杜·盖克兰能当上统帅纯粹靠的是自己的能力和功绩。

这些头衔不仅是荣誉头衔而已。法国的两位元帅和一位统帅各有一套人员班子，元帅对军事事务有宽泛的管辖权。这些职位各有权利。例如，若军队攻克了一座城堡或堡垒，那么缴获的所有马匹和马具都归统帅所有。

你需要怎么做？

你需要想一想骑士精神的全部内涵，不过也可能发现它们不一定能完美贯彻在现实中。无论如何，请你保持慷慨大方，但是要记住只有赚到钱才能维持你的骑士地位。行为举止要有礼貌，待人要温和，必要的时候也要表现得态度强硬、意志坚决。你还会发现，你的名望最依赖于你作战时的英勇。不妨表现得胆大、勇敢，好好展现高超武艺——这样才像真正的骑士。

— 4 —

兵器、甲胄与马匹

骑士的甲胄均由一副钢制胸背甲和保护手臂、大腿和小腿的铁片组成。同时，骑士还随身佩带匕首和剑。他们在下马作战时会使用刺枪。

——菲利波·维拉尼，《编年史》，1364 年

* * *

无论是在骑士比武大会还是在实战中，做好适当的保护措施都是非常重要的。你不可能在所有的场合都只用同一套装备，因为甲胄的功能越来越专门化。如果你穿着比武大会上穿的盔甲上战场，你就会发现你的身体活动严重受限。你也需要很多种兵器，其中最主要的是骑枪和剑。好的骑士当然离不开好马，骑士的主要开支也是花在了他的战马上。

锁子甲、皮甲和板甲

根据材质分，甲胄有以下几种：

⇕ 锁子甲，由用铆钉连接起来的圆环组成，是非常重要的一种甲胄。它能有效防御劈砍，灵活性不错，却对防御冲撞攻击作用不大。

⇕ 板甲，由金属板制成，可以抵御劈砍和冲撞。

⇕ 皮甲，由硬化的皮革制成，相对较轻，也很结实。

制作精良的板甲不仅强度高，也有不错的灵活性——注意看图中的钢制手套。

✝ 鲸须甲。鲸须是制作盔甲的上好材料，鲸须制成的甲胄常用于骑士比武大会。

在过去的一个世纪，甲胄经历了很大的改变。老式的锁子甲逐渐让位于板甲。生于埃诺的编年史家让·勒·贝尔说，1327年他去英格兰的时候，当地人根本没听说过板甲，只穿长袍或者锁子甲，外面穿上画着纹章的罩衣，头戴铁或硬皮制的大头盔。然而仅仅十多年之后英格兰人就穿上了新式的板甲。他可能有点言过其实了，因为板甲早在13世纪就已经传入英格兰，只是到1337年英法战争爆发之后才在英格兰流行开来。在现在这个年代做骑士的你很幸运，会拥有一套精心制作的板甲，甲胄各部件灵活地连接在一起。

那么在哪里可以买到呢？

最好的选择当然是直接去找制甲匠，因为量身定做的盔甲更加合身。此外，大城市里会有销售盔甲的店铺。比如，来自意大利普拉托的商人弗朗西斯科·塔蒂尼曾在法国阿维尼翁开过一家甲胄店，它对参加英法战争的骑士来说非常有用。最好的盔甲产自意大利米兰，而德意志也有很多优秀的制甲匠，德意志的科隆就是盔甲的制造中心。

头　盔

　　最需要保护的部位是头部。你首先需要在头上垫一块布垫，以防护头盔下面的锁子甲头巾带来的摩擦。

图中的整套甲胄制造于 13 世纪末的米兰。胸甲上覆盖了一层天鹅绒，躯干和四肢都由许多钢板严严实实地保护着。而图中的头盔是一顶钵形盔（bascinet），带有一个锥形的面甲。有一副锁子甲护颈保护穿戴者的脖子和肩。

大头盔

　　"大头盔"（great helm）是一种老式的头盔，非常沉重，由肩膀承托。其顶部有时会插上一根鸟羽。头盔上有两个便于穿戴者看东西的条形孔，它们还有助于空气流通——戴上后会很热。因为大头盔缺少可以打开的面罩，所以

这种 14 世纪的大头盔没有可打开的面罩，更适合在比武大会上而不是战场上使用。

不到万不得已还是别戴吧。13 世纪大头盔的顶上是平的，这有利于制造，却让穿戴者难以抵挡锤矛或者战锤的重击。

制作技术

　　制造方法的改进也体现在盔甲制作上面。例如，水车驱动的锤子让部分生产过程得以机械化，同时水力风箱的使用提高了冶炼温度。由于锻铁容易弯曲，硬度不够，所以不能拿来造上好的盔甲，也无法用来铸剑。但是如果往锻铁里加入一点碳，就可以造出钢。通过加热和冷却等一系列复杂的回火工艺，人们可以很好地控制钢铁的硬度。专业的制甲匠可以使用同样的方式，使金属板在外面足够坚硬的同时让里面保持很好的韧性，以防被轻易击碎。接下来还有抛光工序。为了制作不同形制的盔甲，制甲匠不仅有专门的锤子，还会有各种类型的铁砧。

比武大会头盔

　　这种头盔从大头盔发展而来，现在用于比武大会。以前的平顶已经被锥形顶所取代，因为锥形顶能更好地抵御攻击。比武大会头盔最新的样式被称为"蛙嘴式头盔"，因为眼缝的下面有一个向外突出、弯曲的嘴唇，形似蛙嘴。这样一来，无论佩戴者的姿势是直立还是后仰，面部都能得到很好的保护。

戴这种头盔时，你需要先系紧头盔后面的绳子。但绳子不该绑得太结实，只要攻击的地方到位，就足以把头盔撞下来。奇怪的是，头盔撞下来比把头盔死死地固定住更加安全，尽管你的脖子依然会遭受严重的扭伤。

钵形盔

你可以在战场上戴大头盔，但是它也有一些缺点，比如让佩戴者视野过窄、呼吸不畅。钵形盔就实用多了。14世纪初，钵形盔还只是一顶简单的钢帽，你甚至可以把它戴在大头盔里面。后来，钵形盔前面加了一个可以活动的面罩，面罩可以在未开战的时候翻上去固定住。这样一来，你就可以看到、听到盔甲外面的情况，同时得到适当的保护。此外穿戴者的脖子处会有一块锁子甲保护。最新的钵形盔可能看起来有点怪，因为面罩通常都是锥形的，外形非常像狗嘴或猪嘴。然而这种面罩非常实用，一是在脸前面留

你可能会觉得自己戴上这种有"猪嘴"面罩的意大利钵形盔肯定看上去很古怪，但是别担心，大家不会取笑你。这种面罩不仅防护性能极佳，也能让你的呼吸更加顺畅。

下了让你呼吸的空间，二是能在你的头撞到头盔时防止你的鼻子受伤。1359 年的塞纳河畔诺让之战中，尤斯塔斯·德·欧贝尔希库尔率领英格兰军队作战，被一名法国骑士用骑枪攻击，他的面罩被刺穿了，碎了 3 颗牙，但他一直坚持到战斗结束——他的面罩吸收了大部分冲击力。

身体的保护

有好几种装备可以保护你的上半身，比如：

⁜ 棉甲，又称"加姆贝松"（gambeson）。棉甲穿在甲胄里面。英格兰骑士约翰·费兹马默杜克拥有一件非常时髦的红色棉甲，它的袖子是用鲸须制成的。

⁜ 板片衣，将互相重叠的钢板固定在布甲或皮甲上而成，应该算得上是升级版的锁子甲。如果铁片上饰以优质布料，板片衣会变得非常好看。1377 年，法军袭击了英格兰南海岸的拉伊，他们对一个英格兰俘虏的印象非常深刻——他的板片衣上面覆盖着金色的天鹅绒。

⁜ 胸背甲，或称胸甲。这是一种新式铠甲，非常适合骑士比武大会的场合。

⁜ 护肩铁翼，用于防护肩膀，既有保护作用，也有一定的装饰作用——因为你可以在上面装饰纹章。然而它在1350年左右逐渐过时。

大腿和胫部的部件加上膝盖处的铁片，可以为双腿提供最好的防护。此外，鞋子外面也要有装甲。

时下潮流可能对盔甲的样式造成影响。比如，14世纪初人们习惯在盔甲外面套一件松散的罩衣，但它后来被紧身的罩衣取代了，因为后者美观得多。

可能你会担心穿上沉重的全套盔甲后难以行动，其实没有你想的那么糟。比起老式的锁子甲，板甲的穿戴者会觉得更轻松一点，因为盔甲的重量被很好地分配到身体的各个部位。穿上全套盔甲之后，你应该可以独自爬上马背而不需要他人帮助。

盔甲的穿戴

穿戴盔甲真是一件麻烦事，帮手肯定少不了。一套盔甲由许多部件组成，你必须确保每个部分都系紧了。

下面列出了14世纪早期骑士准备参加比武大会时穿戴盔甲的步骤。当然，现在的你完全可以穿戴板甲和钵形盔，而非以前的锁子甲和大头盔。

各部分的名称

护肩铁翼　　装在肩膀上，经常饰以纹章。

棉甲　　　　一种通常穿在盔甲里面的垫衣。

护颈　　　　一块挂在头盔上的锁子甲，用于保护脖子。

钵形盔　　　一种尖尖的头盔，常有面罩，适于作战。

头兜　　　　护颈的另一种叫法。

马面甲　　　马铠中用于保护马头的部分。

护肘铠甲　　保护肘部的铠甲。

胸背甲　　　由胸甲和背甲组成的甲胄。

腿甲　　　　保护大腿的铠甲。

软甲　　　　与棉甲类似的垫衣。

手甲　　　　保护手部的铠甲。

颈甲　　　　保护颈部的铠甲。

胫甲　　　　保护小腿的铠甲。

锁子甲　　　常用锁子制成的甲胄。

罩衣　　　　穿在铠甲外面的紧身外套。

膝甲　　　　保护膝盖的铠甲。

脚甲　　　　保护脚部的靴子。

轻盔　　　　一种未完全封闭的头盔，适合步兵使用。

肩甲　　　　保护肩膀的铠甲。

罩衫　　　　穿在铠甲外面的宽松外套。

臂甲　　　　保护手臂的铠甲。

14 世纪的钢手甲

14 世纪的钢脚甲

14 世纪的
几种不同样
式的甲胄

51

穿戴盔甲是真的费时又费力。你需要一个仆人来帮你系搭扣、绑带子。

① 在房间里点火取暖，否则你会冷得打寒战。地上最好铺一块地毯。

② 脱掉外衣，只留下一件衬衫。梳好头发。

③ 穿皮鞋。

④ 戴上胫甲，它的材质是钢或硬皮。再戴上腿甲和膝甲。

⑤ 穿上软甲或棉甲，然后穿一件衬衫，戴上头巾帽。

⑥ 戴上钢帽。

⑦ 穿好锁子甲，上面有皮革保护。

⑧ 穿上罩衫。罩衫上有你的纹章。

⑨ 戴上手甲，最后戴上大头盔。

维护和保养

保养盔甲不是容易做到的事，因为质量再好的钢铁都会生锈。当然，上漆和镀金都是很好的保养方法。想磨亮板甲并不难做，只是很费工夫。而保养锁子甲就难得多了，有一种方法是将其放进一桶麦麸，再滚动木桶。麦麸会给锁子甲除锈，麸皮里的油脂也能起到一定的防锈作用。

价　　格

盔甲并不便宜。下面是 1374 年的一位英格兰老骑士的财产清单，并列出了价格。可以看出，一个钵形盔价值约 14 天的薪水（当时的工资约为每天 2 先令）。清单也显示装备一匹马的花销非常惊人。

1 个带有护颈的钵形盔	1 英镑 6 先令 8 便士
1 套马鞍和马铠	6 英镑 6 先令 8 便士
3 件锁子甲	8 英镑 13 先令 4 便士
2 双手甲	6 先令 8 便士

下面是 1383 年一些西班牙盔甲的价格，其中最贵的是一件锁

子甲，因为制作它非常耗时间。

1 个带有护颈的钵形盔	20 弗罗林
1 件锁子甲	25 弗罗林
1 块铁甲	15 弗罗林
1 套腿部系带	10 弗罗林
1 双手甲	4 弗罗林

这个时期欧洲战火不断，盔甲商人的生意自然也会很好。1367 年，弗朗西斯科·塔蒂尼在他位于阿维尼翁的商店中主要售卖以下物品：

45 个钵形盔	60 件胸甲
23 双手甲	3 顶铁帽子
20 件胸背甲	10 顶无檐帽
12 件锁子甲	

马 匹

骑士不能没有马匹。法国的法律专家奥诺雷·布韦说过："骑士之所以如此勇猛，是因为他绝对信任自己的马匹。"现实中你至

少需要备两匹马给自己使用，还要给下属另外准备马匹。以下是
几种不同种类的马匹：

- 军马，或称战马，是最优良的马匹。它们体形健硕、孔武有力，高度可达 16 手（"手"是衡量马匹身高的单位）。如果你拥有一匹这样的马，平时最好不要老是骑它，留到上战场再骑乘。
- 快马，一种更加轻巧敏捷的马匹，容易骑乘，用于比武大会或作战时效率都很高。
- 驯马，一种骑乘用马，它走路相当平稳。
- 哈克尼马（Hackney），也是一种优良的骑乘用马。
- 朗西马（Rouncey），是普通马匹，不过这种叫法略显过时。

好好打扮马匹可是很重要的。图中这匹骑士的马就是全身穿着马衣。

如果是用于战斗，你应该选一匹军马或者快马。虽然最优质的马匹产自西班牙和意大利，但是马匹贸易可是大生意，许多马匹会被运出产地贩卖，比如，匈牙利产的马匹甚至会被卖往英格兰。一匹顶级军马的市场价能超过

100 英镑，拿四五十英镑一般买不到一匹军马。通常只有地位很高的人才负担得起这样的好马。不过，5 英镑就能买到劣马，驴、骡之类的驮畜还要更便宜。

马匹的毛色多种多样，但大多数还是红棕色、栗色或者黑色的，以及各种灰色的。马匹的毛色与其名贵程度无关，也不能反映马匹是否优良。

你需要给你的马取个名字。"贝阿德"（Bayard）就是一个好名字，尤其是对栗色马（bay）而言。许多马都叫贝阿德，有的为了区分，还会拥有姓。贝阿德本是一匹具有魔力的马，在很多传

骑士与马

Chivalry（骑士制度）这个词与法语中的 Cheval（马）有关。英国骑士老托马斯·格雷曾说，如果你想做有骑士风度的举动，你就应该在马背上完成它。阿拉贡国王佩德罗四世说自己骑马战斗比步行战斗要厉害得多。在诗歌《朗佛尔爵士》中，主人公没法控制好自己的马，然后自我嘲讽了一番：

> 他没尊严地骑上马，
> 马脚打滑进沼泽，
> 他的事情人人笑，
> 传得家喻又户晓。

马匹是你作为骑士的认同感里的一部分。但你会发现，在大多数情况下最好的战斗方式还是下马徒步作战。

奇故事中出场过。"莫雷尔"（Morel）对棕黑色的马而言是一个很好的名字，当然，你可以加上姓氏，比如"莫雷尔·德·莫奥"，或加上地名，比如"达勒姆的莫雷尔"。

你的马匹很昂贵，需要好好保护。想想战场上那些"嗖嗖"飞来的箭矢吧。最简易的防护是给马戴上马面甲，保护它的头。再进一步，你可以给它穿上一件垫衣，再穿上锁子甲。最外面可以穿一件带纹章的马衣。这样装备一番有非常重要的意义，因为在战场上，骑士骑乘全副武装的马，而其他人比如弓箭手骑乘缺乏装备的马，两种马之间的差别非常明显。

马鞍同样非常重要。马鞍的鞍头和鞍尾设计得很高，几乎可以把骑乘者"卡"在里面。为骑士比武而设计的马鞍尤其高。这样设计是为了让骑乘者坐得稳，好抵挡敌人的撞击，不被骑枪打下马来。马镫被设计得很长，这样你坐在马上可以保持腿部伸直，在用骑枪或剑搏斗时能保持稳定。

马匹还需要你的精心照料。军马的食量很大，一匹军马每天要食用半蒲式耳（约7千克）燕麦。普通马匹的食量大概是军马的一半。除此之外，你的马还要吃干草，不过在夏天你可以把它带到草场上吃草。你还要时不时照看马蹄铁，定期给马更换钉子和马蹄铁。你还要准备肚带、笼头等挽具。如果你的马状态不佳，不用沮丧，因为针对马的药材也有不少。你可以用葡萄酒和醋，血竭、乳香、葫芦巴、松节油和橄榄油也有一定疗效。

盾　牌

过去的盾牌是长长的鸢形盾，14世纪初，盾牌的形状发生了很大变化，变成非常小的三角形盾牌，从曲面盾变成了平面盾。盾牌通常用木头和皮革制成，你可以用纹章装饰它。盾牌在骑士比武大会中是非常重要的装备，这个场合使用的盾牌通常在右上角有一个开口，用来插骑枪。不过，你不必带着盾牌上战场。步兵使用方盾或小圆盾，但对全身都有护甲的骑士而言，无论是骑马作战还是步行战斗，盾牌都起不了什么作用。

3位西班牙骑士骑着全副武装的马，他们的腿伸得笔直，这正是正确的骑马姿势。

骑　枪

　　骑枪是一种惹眼的兵器，长度有时甚至能达到4米多，通常由桦木制成，表面常有一层好看的漆。只需想想，人和马匹的所有重量，再加上冲击力，全部集中在骑枪的枪尖，该有多强的冲击力啊！骑枪不像标枪一样是用来扔的，而是依靠人和马的冲击力。骑马行走时，骑枪垂直放在马鞍上。冲锋的时候，你需要把骑枪放低、放平。你应该握住骑枪的末端，将其夹在手臂下，枪头斜放在马脖子上，因此枪头处于马匹的左侧。为了平衡武器的重量，骑枪的尾端通常会更粗一些。尽管这样，控制平衡还是不容易。所以你要花很大力气才能控制好它并精准地击中目标。

　　在骑士比武大会的场合，你需要一种专门的骑枪。这种骑枪的枪头并不是尖的，而是钝头，叫作"冠"，因为它上面有3个小隆起，看起来像小王冠。你还要配备一块护手铁片，用于保护手部。在比武场上，如果你在攻击对手时把自己的骑枪折断了，那也没什么关系。骑枪不需要太结实，不过它只应该在真正的打斗中折断。此外，你的胸甲上应该有一个骑枪托架，你可以把骑枪放在上面，甚至利用骑枪上的一个格栅，将骑枪固定好——这样可以使你自己和马匹的体重都附加到骑枪的攻击上。你需要准备很多骑枪，以便在骑枪折断时更换。你会乐意看到自己的骑枪断掉——这种情况对你有利。

剑

剑是一种贵族的武器。正如若弗鲁瓦·德·沙尔尼所言，剑的两侧剑刃象征骑士的责任是"维护公正、理性与正义，忠于基督教信仰"。剑有很多类型，但是基本特点是一致的，比如长条形、两刃，剑柄处都有剑格和球形柄头。柄头可以是简单的球形，但是带有装饰的会更时髦一点。剑身中央通常会纵贯一条剑脊，它能增加剑的强度。

剑的样子虽然很简单，但制作过程很复杂。铁匠造剑从锻造金属块开始，先加热金属块，使其变软，然后用锤子将其敲打成想要的形状。现在的剑通常由一整块钢坯锻造而成，而以前的剑通常先是几根铁条，经过扭曲和锻造，最后形成剑刃。为了让剑刃回火，需要谨慎地加热和冷却。脆的剑、柔软易弯曲的剑都在战斗中没有用处。

图中是两支骑枪。左边的尖头骑枪用于作战，右边的冠状头骑枪用于骑士比武。

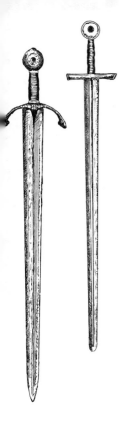

◀ 剑有很多种，但大多数剑在中间都有剑脊，剑脊能提高剑的强度；中间还有一个剑格，可以保护手部；最末端是一个球形柄头。

‡ 好铁匠能把剑刃造得既有强度，又有硬度。

‡ 平衡很重要，剑刃向剑尖收紧的方式对平衡剑柄的重量来说非常重要。

‡ 一把好剑不应该太重，3磅（1.36千克）左右就是最理想的重量。

随着板甲的发展，剑也发生了一些变化。以前的大多是宽刃剑，用于劈砍，而现在的剑变得更坚硬、更尖，多用于刺击。

如果没有剑，还能使用下列兵器：

‡ 宽刃弯刀（Falchion），它只有一边有刃，而且比剑短得多，却在劈砍时很有攻击力。

‡ 锤矛（Mace）是一种很沉的棍棒。傅华萨记载，1373年有一个骑士拥有一把铅做的锤矛，"他用它

▶ 战斧是一种杀伤力极强的武器。图中的战斧不仅有可以用于劈砍的宽刃，还有用于刺戳的尖头。

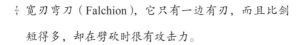

打碎了攻击范围内的每一顶头盔",可是他后来被来报仇的人打中头,再也没有恢复过来。战锤与锤矛比较相似。

‡ 斧头是另一种很有用的兵器。你要记住,在班诺克本战役之前,罗伯特·布鲁斯与亨利·德·博亨交战,罗伯特用斧头把亨利的头劈成了两半,斧柄也给劈断了。贝特朗·杜·盖克兰最喜欢用的兵器也是斧头。在罗泽贝克战役中,布锡考特手中的斧头被敌人打落了。

其他武器

还有很多武器能在战斗中派上用场。作为骑士的你有必要了解一下这些武器的用途和操作方法,不过不必熟练地使用它们。

弩又称十字弓,是一种步兵常用的兵器。

‡ 单足弩,带有一个用来装填的"镫",需要用一只脚去踩。
‡ 双足弩,装填时需要你用双脚去踩。
‡ 绞盘弩,用绞盘来装填的弩。

弩拥有惊人的杀伤力。它在大多数情况下用于保卫城堡。上战场的弩手会装备一面巨大的盾牌,即"巨盾"(Pavise),以威慑敌人。弩有攻击速度慢、装填费力的缺点。

弩虽然装填起来很慢，却在围城战中非常有用。
图中的人正在给一个单足弩上弦、发射。

相比之下，弓是一种更简单的武器，但是使用者要有高超的技巧和强大的肌肉力量才能运用自如。

☩ 英格兰人喜欢用长弓。最理想的长弓应该由紫杉木制成，大约 6 英尺（1.82 米）长，甚至更长。长弓的射击速度比弩要快得多，而且有效射程至少有 200 码（182.88 米）。英格兰弓箭手发射的阵阵箭雨令人胆寒，因为弓箭对骑兵而言是一种致命的武器。

☩ 撒拉逊人更爱使用另一种短一些的弓，这种弓并非由一整块木料制成，而是由多种材料制成——用角胶黏合而成的数层木料，形成精致的弧形。土耳其士兵用这种短弓射出的箭与用英格兰长弓射出的箭一样威力惊人。

长柄武器对骑士杀伤力同样巨大。你不要因为它们结构简单就小瞧它们。

- 产自法国波尔多的骑枪是一种广受好评的武器。
- 苏格兰士兵手持简单的矛，列成紧凑的"刺猬阵"，便足以抵挡敌人下定决心的冲锋。
- 戟的威力很大，它有一个尖头，还有能劈、能刺的刃。瑞士人尤其擅长用戟来驱赶德意志骑兵。

弓箭手要有很强的肌肉力量才能拉动长弓。最好的长弓由伊比利亚紫杉木制成，需要有 150 磅（68 千克）以上的力才能拉动。

盔甲小知识

一整套盔甲的总重量应该不超过 60 磅（27.21 千克）。

✢

极热的天气下，你甚至可能在盔甲里面闷死。

✢

奥雷战役中，休·卡尔维莱和他的部下为了提高灵活度而卸下了腿甲。

盔甲不可能为你抵挡一切攻击。比如在 1337 年，一支箭直接射穿了威廉·德斯潘塞身上的 3 层锁子甲、3 层铠衣，最后夺去了他的性命。

✢

1346 年，爱德华三世带着自己的铁匠安德鲁·勒·费弗尔上战场，而安德鲁的母亲接管儿子在伦敦塔的工作。

在围城战中会用到大型机械，比如巨型投石机、大炮。虽然会有专门的人员来操作这些大型武器，不需要骑士亲自使用，但你还是有必要了解一下它们的基本性能，这留到后面的第 12 章再细讲。

长柄斧和戟有很多种。步兵擅长使用长柄斧和戟。

— 5 —

骑士团

在宴会上，他授予了一个新的、未被王室使用过的事物，挑选了 60 个男爵和骑士，他们将遵守一定的生活、行为、着装规范，发誓忠于国王、跟随国王……这就是绳结骑士团。

——马泰奥·维拉尼，《编年史》，1352 年

* * *

人们总爱加入俱乐部或者组织，以获取归属感和认同感。在这个方面骑士也不例外。有许许多多的骑士团供你选择，加入骑士团会让你获得同志情谊以及受到重视的感觉。骑士团的仪规有助于你向骑士理想靠拢。不过你在选择要加入的骑士团时要小心谨慎。

宗教性骑士团

医院骑士团的成员部分是修士，部分是骑士，你应该不会想加入这种骑士团。现在这种骑士团大多已经衰落了，何况你应该

也不会喜欢修士的清规戒律。

十字军东征早期，也就是 12 世纪，圣殿骑士团和医院骑士团得以建立。在拉丁人的耶路撒冷王国的首都阿卡于 1291 年陷落之前，上述两个骑士团在耶路撒冷王国起着很大的作用。圣殿骑士团本来在欧洲拥有大片地产，然后发展成一个大型的银行组织。法国国王腓力四世盯上了圣殿骑士团拥有的庞大资源，于是以异端和堕落的指控对圣殿骑士团进行审判。最后它于 14 世纪初宣告解散。圣殿骑士团背负的罪名有亵渎神明、崇拜偶像，以及性行为上的大量不端行为。不过这些所谓的罪名不总是那么站得住脚，比如下面这条：

> 第三章里面有一条讲的是对猫的崇拜，下面有两项。在英格兰，没有目击证人能证实此事。
>
> 他说自己每次在为圣殿骑士整理好单人床之后，第二天经常会发现床上有两个人的痕迹，好像他们同床睡觉。

医院骑士团随后接管了圣殿骑士团的大部分财产。阿卡陷落之后，医院骑士团先后将总部移至塞浦路斯和罗得岛。如果你想去地中海地区参加十字军东征，就不可避免地要和医院骑士团打交道，虽然它现在没有从前那么强盛了。地中海地区还有其他的宗教性骑士团，你可以在西班牙找到卡拉特拉瓦骑士团和圣地亚哥的圣雅各骑士团（简称圣地亚哥骑士团）。

有很多骑士团供你加入，圣殿骑士团除外——它早就不存在了。14世纪初，圣殿骑士团被法国国王腓力四世解散了。图中是一些圣殿骑士以异端的罪名被烧死的样子。

条顿骑士团是另一个非常重要的军事骑士团，他们的兴趣已经从东方的十字军国家转移到波罗的海，在波罗的海组织十字军对付立陶宛的异教徒。1410年，条顿骑士团在波兰和立陶宛联军的攻击下战败于坦能堡（又称格伦瓦尔德）。这次战败让条顿骑士团的未来变得更加渺茫，看样子它无法从这次灾难中完全恢复过来了。

图上为圣地亚哥骑士团的骑士。它是一个西班牙的宗教性骑士团，在西班牙的再征服运动中扮演了重要的角色。圣地亚哥骑士团的成员可以结婚，而圣殿骑士团、医院骑士团和条顿骑士团的成员不可以结婚。

非宗教骑士团：圣乔治骑士团、绶带骑士团和嘉德骑士团

　　虽然非宗教骑士团中间有不少可能都没有悠久的历史，却很受欢迎。国王热衷于创建骑士团，因为这可以增加威望，博得大家的支持。首个非宗教骑士团是圣乔治骑士团，1325 年建立于匈牙利。随后 1330 年在卡斯蒂利亚又创建了绶带骑士团。一位西班牙的编年史家记载道：

他们被称为"绶带骑士团"，他们有自己的法令，里面包含了骑士需要遵守的所有行事准则。他们向一个骑士授予绶带后，这名骑士需要发誓遵守法令所规定的一切骑士准则。

1344年，英格兰国王爱德华三世想组建一个骑士团并取名叫"圆桌骑士团"，预计招入约300名成员。他甚至开始在温莎城堡建一个圆形大厅，充当日后骑士开会的地方。编年史家让·勒·贝尔记载：

> 1344年，为了授予圆桌骑士之称号，他向全国宣布举行一场大型节会暨全体大会。他下令，所有姑娘和小姐、骑士和侍从都必须于圣灵降临节到达温莎参会，不得因故缺席。

爱德华三世的意图是模仿以前亚瑟王的圆桌骑士，却在圆形大厅快竣工之时因为某些原因而终止了原有计划。作为代替，他在4年后创建了一个人数少得多的骑士团，该骑士团包括26名骑士精英，其中绝大多数都参加过克雷西战役。新的骑士团与亚瑟王没有联系，而是被奉献给圣乔治。骑士团的名字有些不可思议，叫"袜带骑士团"（即嘉德骑士团）。

为什么要叫袜带骑士团呢？为什么它的勋章的颜色是蓝色和金色呢？

- 有个不太可信的说法，说是有位漂亮的年轻小姐在舞会上掉落了袜带，袜带被国王拾到，故而得名。

- 也有说法认为，国王出于玩笑，想用贴身衣物来给骑士团命名。不过问题是可以拿来命名的内衣裤没有多少种。或许你会想"这个骑士团差点取了啥奇怪名字"。

- 更严肃的说法是，袜带骑士团勋章上的蓝色和金色其实暗示爱德华三世对法国王位的主张，骑士团的格言"心怀邪念者蒙羞"也对此有所暗指。

很难想象，袜带骑士团这个人数少、过度排外、名字和格言都很奇怪的骑士团居然能延续这么多年。要是当初爱德华换用了另一句格言，说不定好得多，比如他和他的骑士曾经用过的一句话："嘿！嘿！白天鹅，以上帝的旨意，我是你的人儿！"

图中是袜带骑士团勋章形状的彩色玻璃，勋章周围的拉丁文格言"Honi soit qui mal y pense"意为"心怀邪念者蒙羞"，它是爱德华三世创立的袜带骑士团的象征。

其他骑士团

除上述外，国王们还创立了很多其他骑士团，但不是所有的都那么成功。比如在 1352 年，法国国王约翰二世创立了"星辰骑士团"，包括 300 名成员。但是星辰骑士团运气不佳，连首次年会还没召开，就在莫龙战役中折损了几乎三分之一成员。后来约翰二世在 1356 年普瓦捷战役中被俘，最后死于 1364 年，这一切终结了星辰骑士团。

14 世纪下半叶，骑士团的数量迅速增加。国王创立的骑士团自然拥有极高声望，不过你还可以考虑一下不是由统治者创立的骑士团。比如波旁公爵最近创立了一个骑士团，名叫"囚徒之铁"，成员为 16 名骑士；富瓦伯爵创立了"龙骑士团"，它甚至允许女性进入。在德意志有很多骑士比武的组织，其中最早的一个建立于 1361 年。这些组织会召开一年一度的大会，主要活动是骑士比武，其活动由专门的委员会控制。

骑士团的特点

各个骑士团在细节上有很大差异，却都有界定了骑士团使命的规章。比如短命的绳结骑士团的规章：

王家骑士团名单

圣乔治骑士团	匈牙利，1325 年
绶带骑士团	卡斯蒂利亚，1330 年
袜带骑士团	英格兰，1348 年
黑天鹅骑士团	萨伏依，1350 年
星辰骑士团	法国，1352 年
绳结骑士团	那不勒斯，1352 年
项圈骑士团	萨伏依，1364 年
金盾骑士团	法国，1367 年
圣乔治骑士团	阿拉贡，1371 年
白鼬骑士团	布列塔尼，1381 年
舰船骑士团	那不勒斯，1381 年
鸽子骑士团	卡斯蒂利亚，1390 年
蝾螈骑士团	奥地利，约 1390 年
金苹果骑士团	法国，1395 年
花瓶骑士团	阿拉贡，1403 年

以共同的圣灵之结之名开始，如绳结般连接各部分，连接那些统一在道德上告解过的人，让他们的信仰力量升至 7 倍，只要保有美德则终生不变。

骑士团的规章规定了成员需要遵守的准则，规定了成员对其他成员应尽的义务。规章还包括了年度大会的通常流程。

舰船骑士团由那不勒斯国王查理三世于 1381 年创立，只存续了不到 5 年，不过它的法令是一个好例子，有助于你了解骑士团

骑士团小知识

1310年5月12日，54名圣殿骑士在巴黎被烧死。

✝

曾经有一个年轻漂亮的女子剪下了自己的一缕头发，把它送给了奥地利公爵，发缕骑士团因此而得名。

✝

爱德华三世的骑士佩带的格言有很多，例如"事实如此"。

1352年，星辰骑士团的大厅里挂着红色的天鹅绒。

✝

未佩戴袜带骑士团勋章者将被处以6先令8便士的罚金。

✝

如果舰船骑士团成员对战基督徒之时战斗表现出色，可以在自己的纹章上加一面白帆，对战撒拉逊人的情况下则是红帆。

的规章。舰船骑士团的主旨非常值得赞赏，部分内容如下：

以心和坚韧对待所有事，以爱、尊重和珍重对待好人和勇士，鄙视恶人和懦夫，此皆正道，亦为骑士团的期望和命令。

所有成员都要遵守的准则还有：

✝ 必须尽全力帮助彼此，特别是一方落入贫困、遭监禁或害病之时。

✝ 禁止诽谤中伤贵族妇女。

⚜ 如果未能出席年度集会，将被处以罚金。

在年度集会上，骑士会汇报他们一整年的经历，而这些都会被记录下来留给子孙后代。他们在精神上的职责包括每周五守斋、定期祷告。

如果你加入了舰船骑士团，就会穿上好看的统一制服，包括一件蓝色罩衣、一件银边的白色罩衫、红色鞋子、红色的斗篷和风帽。舰船骑士团的象征物最初很简单，只是一个带桅杆的船。如果你想显得与众不同，可以自己再添加一些元素，比如舵柄、锚、帆索、帆桁、帆，或旗帜。

许多骑士团都会有自己的总部：

绳结骑士团由那不勒斯国王路易建立于1352年。图片中间穿着黑衣、独自用餐的人是一个犯了错而正在受罚的骑士。

- 袜带骑士团与教士团体有联系，因此总部设在温莎城堡的圣乔治教堂，许多成员也住在此处。

- 星辰骑士团的总部设在圣旺，它跟袜带骑士团一样与一所教堂有联系，所以成员里也有教士。

- 绳结骑士团的总部设在蛋堡，蛋堡位于那不勒斯湾的一座岛上。

- 舰船骑士团的开会地点在那不勒斯的新城堡。

加入哪个骑士团？

不好推荐你加入哪一个骑士团，但请别考虑袜带骑士团，因为它规模小，而且排外。一些新组建的骑士团似乎更有前途，比如阿拉贡的花瓶骑士团。或许最好的选择是建立自己的骑士团，布锡考特就是这样做的，他在1440年自己建立了"绿盾上的白衣女士骑士团"，里面有13名成员，在建立的前5年处于试运行阶段。组建这个骑士团的目的是保护贵族妇女及其财产，以防遭到侵害。诗人克里斯蒂娜·德·匹桑就是一个寡妇，她非常喜欢这个骑士团，因此在诗中写道：

> 他们的神情那么坚定，
>
> 拿着印有漂亮女子的绿盾，

希望用手中的利剑，

　　从恶者手中保护她。

　　可惜，布锡考特的骑士团没能完成它许下的承诺，也没有取得多少实际的成就。如果你创立骑士团的话，或许会比他更成功。

　　你没有加入骑士团的义务，但是加入骑士团是一件很划算的事。骑士团的成员能获得更高的名望，还可能得到其他骑士的帮助。你身处骑士团之中肯定能感受更多的骑士精神。

— 6 —

雇佣与随从

签订契约的一方是贵族沃里克伯爵托马斯·德·比彻姆，另一方是爵士罗伯特·赫尔勒。罗伯特及 4 名士兵将终生跟随伯爵，无论伯爵是去海外还是在国内都寸步不离。

——沃里克伯爵与罗伯特·赫尔勒签订的契约，1339 年

* * *

骑士在任何军队中都算是精英。你会发现，骑士的数量不会超过骑兵数量的四分之一，跟数量远超骑兵的步兵相比就更是稀少了。

你可能因为在战斗中的良好表现而获得封地，但是到 14 世纪初，传统上要为领主效力 40 天的封建义务已经被废弃了。在法国，很多贵族和骑士甚至不确定国王还能让封臣为自己效力多久。很多本应服役的人却未能履行服役责任。在英格兰，领主所提供的骑士的配额到 13 世纪已经急剧减少了。现实情况是骑士想跟其他士兵一样拿到酬劳，尽管他们在真正紧急的情况下依然愿意提供免费的服务。比如在 1355 年，面对英格兰的入侵，法国贵族以

自费的方式义务参战达一个月之久。你应该试着找一份有体面酬劳的好差事。如果你够幸运，还可能得到丰厚的奖金。

随　从

作为一名骑士，你需要有自己的随从。

‡ 1376 年，休·切恩同意为马奇伯爵服役，与他一起的还有 1 个管家、3 个军士、1 个侍童和 7 匹马。

‡ 1378 年，让·德·瑟普瓦为贝特朗·杜·盖克兰服役，同伴有另外 1 名骑士和 18 个侍从。

各种这样的小队伍结合起来，形成更大的随从队伍。等级比骑士更高的是方旗骑士，一些方旗骑士会有 20 名以上的随从。法国人认为，组织骑兵最理想的方法是把骑兵每 100 人分为一组，一组里面包括 4 名方旗骑士、16 名骑士和 80 名侍从。1374 年，查理五世颁布了一条王家法令，规定所有士兵应每 100 人组成一队，每一队有一个队长。在实际中难以施行上述标准，也很少会真有人去尝试把自己的随从加以标准化。领主地位越高，越富有，他的随从的规模也就越大，比如：

‡ 爱德华三世的儿子黑太子，在1346年时他的随从队伍包括
11个方旗骑士、102个骑士、264个侍从和士兵，以及966
个弓箭手。

‡ 1378年，贝特朗·杜·盖克兰的随从由72个队伍组成，
共包括2个方旗骑士、90个骑士和567个侍从。

意大利有一种标准化的随从单位，叫作"巴布塔"（barbuta），
通常由一名骑士和他的侍童组成。到14世纪后期，它为骑枪兵队
所取代。骑枪兵队的成员是骑士、侍从和侍童各一名，其中骑士
和侍从可以上战场打仗，侍童负责照顾马匹和装备。几个骑枪兵
队可以组成旗队，每支旗队包括约20名骑士。

花名册上除了会有骑士、侍从、士兵和弓箭手的名字，还有
侍童、仆人等非战斗人员的名字。有一支军队被从蓬蒂约派去支
援在1302年兵败于科特赖克的法军，它的资料正能说明这一点。
这支军队包括5名骑士、20个侍从、1个牧师、2个教士、6个
管家、61个侍童和1个洗衣女工。他们还带了84匹马。所以说，
随从队伍里面真正能上战场的人只占四分之一左右。

随从的作用不止打仗。许多契约在打仗之外还会规定随从要
为比武大会提供服务。若是终身契约，随从在和平时期也要侍奉
领主。

加入随从队伍

至于战斗时该加入谁的随从队伍，答案很明显。随从队伍通常有一个核心，其成员是家族成员、常任官员，有时也会有租户，以上人员将跟随特定的领主参加各种战役。在此基础上，你没有什么选择的余地。不过同一支随从队伍的成员会出现变化，甚至在连着的两场战役中都不一样。比如，如果你观察贝特朗·杜·盖克兰在1370—1371年的随从队伍，不难发现在此期间共有83名骑士为他服役过。前后有10本花名册，只有1人出现在所有花名册上，有10人只出现过1次，而大多数人出现了5次或6次。

有一些领主比其他领主更受欢迎。比如，1300年，一个诗人在《凯尔勒孚热克之歌》中对罗伯特·克利福德赞誉有加，他写道：

> 我知道，世间一切溢美之词放在他身上也不为过，他展现出的智慧与谨慎不输任何服侍国王的人……如果我是一个年轻的少女，我定会全身心地爱上他，这位深孚众望之人。

克利福德的随从队伍每年基本上都是同一群人，而同时代的亨利·珀西的情况不一样，珀西的随从队伍的变动很大。你最好不要给某些领主效力，比如布锡考特元帅。尽管他名望很高，可是酗酒如命，每天听两次弥撒，花几个小时祷告，坚持读宗教书籍或关于英雄的历史书。恐怕你不会乐意侍奉这样的领主。你需要找一个善于打仗、对随从慷慨大方的领主。你还应该好好留意他付给你的薪酬，因为大家都知道，领主给部下付薪水时常常克扣。

手执旗帜的骑士。举旗子的人在战场上是非常显眼的目标，所以举旗是一项非常危险的任务。决定举旗子之前，你要好好想想，冒着生命危险来保护一面旗帜到底值不值。

契　约

　　如果你决定好为某位领主效力，你们最好签订一份书面协议。在英格兰，双方通常签双联契约，也就是一式两份的契约，双方各执一份。你可以选择签一次参战的，也可以签终身的。1318年，彼得·德·尤维达尔——平时有4个随从，参战或者参加比武大会时有8个随从，与赫里福德伯爵签了终身服役契约。部分契约内容如下：

　　　　赫里福德伯爵汉弗莱·德·博亨与彼得·德·尤维达尔爵士达成协议，上述彼得爵士应终身留在上述伯爵身边，像其他骑士一般获得长袍和马鞍，在宫廷中获得食物，听伯爵的命令前往宫廷时获得够喂4匹马的干草和燕麦、4个随从的薪酬，战时或出席比武大会时获得够喂8匹马的干草和燕麦、8个随从的酬劳。此外，赫里福德伯爵需要补偿爵士在战争中所损失的马匹和武器。

　　英格兰的人倾向于在契约里写上尽可能多的细节，清楚列明各种条款和服役条件。其他地方的服役契约往往更简单。在法国，支付费用的条款经常承诺"以常规方式"付酬，常常对于服役时长等事情也写得很模糊。1378年，一个法国骑士与纳瓦拉国王签订服役契约，契约的文辞很华丽，但是缺少英格兰契约的那种精确规定。此契约部分内容如下：

> 以契约书为凭，我承诺并保证，我可敬的领主，卓越而强大的王公——纳瓦拉国王，只要我在他的王国及西班牙，我就在上述王国及西班牙全境效力于他本人及其子嗣，反对与其为敌的人，无论这些人有何种身份、财产或地位；我将捍卫领主的身体和荣誉免遭恶行或邪祟的伤害，若我发现有人意图实施此等伤害行为，我将迅速而不加迟疑地全力阻止，并告知这位国王；我将严守领主的秘密，绝不以任何方式泄露；我将一直为领主服役，与他参加战斗。

在意大利，有一种雇佣契约（condotta），签订雇佣契约的人就是雇佣兵（condottieri）。雇佣兵的服役时长一般比较短，为 4 个月或者 6 个月。不过，约翰·霍克伍德除了签过几份 6 个月的雇佣契约，还曾为佛罗伦萨签署了一份 4 年的雇佣契约，另签过一份 8 个月的。

你跟领主签订契约后可能得到以下东西：

- 如果签的是终身契约，那么为了支付你的日常酬劳，领主应该会给你一块封地，或地产上的收入。
- 如果签的是一年期限的契约，你的酬劳会直接以现金的形式支付。

骑士的雇用和酬劳

1346 年，爱德华三世签发了一份赦免令，赦免了 1800 个罪犯，但这些人需要参军服役。骑士威廉·洛弗尔也在此列，他犯下的"谋杀罪、重罪、抢劫罪、非法侵入罪、逃窜之罪等各种罪行"都被赦免了。

✠

法学理论家奥诺雷·布韦认为，如果签了 1 年服役契约的骑士却仅服役 3 个月就脱离军队，则不该获得任何酬劳。

英格兰骑士托马斯·乌特雷德的军事生涯足足持续了 46 年，即 1314—1360 年。

✠

1386 年，法国国王查理五世雇用的骑士和士兵共有约 15000 名。

✠

1339 年，约翰·沙内尔为赔偿 15 匹马的损失而欠下了 350 英镑 13 先令 4 便士的债务。

✠ 作为随从的一员，你会得到几件袍子。如果某人的所有随从都穿同颜色的袍子，那必定十分壮观。

✠ 你还可能得到一个徽章。此外在英格兰，兰开斯特公爵会给他的随从发一件显眼的佩饰——用 S 形部件组成的项环。

酬　劳

你收到的酬劳一般不会像是奖赏，更多的时候只是维持生计的补贴而已。然而在 1337 年与法国开战前，英国国王爱德华三世

骑士用骑枪和剑互相打斗。

承诺给愿意到异国参战的骑士支付双倍酬劳，但是他无法把这个标准维持很久，很快就回到了原来的惯例：骑士每天 2 先令，侍从每天 1 先令。

在法国，14 世纪中期以来骑士的酬劳一直都稳定在每天 20 苏，侍从则是每天 10 苏。

如果你很缺钱，你可以去意大利，意大利对雇佣兵的需求量很大，所以雇佣兵的军队有时可以拿到很高的酬劳。如果你在 1358 年与德意志雇佣兵哈内克·邦加德一起在意大利服役，你每个月可以拿到 6 弗罗林的酬劳。市场对英格兰雇佣兵的需

上战场也离不开钱。钱有很多种，金的银的都有。图中为法国的造币厂制造的钱。

求是高于德意志的。5 年后，为佛罗伦萨服务的英格兰雇佣兵每个月可以拿到 10 弗罗林。1384 年，锡耶纳当局极度恐慌，甚至以极高的 18 弗罗林月薪来招募骑士。1382 年，霍克伍德的酬劳在他服务的那座城市是最高的，高于其他所有军人和官员的薪酬。

除了基本工资，你也可能收到奖金。奖金在英格兰叫 regard，按季度发放。在意大利，你的奖金可能以贷款的形式划到你的银行账户上。在意大利对雇佣兵的需求比较大的时候，你有机会签署一份不错的契约。

补偿损失的马匹

1343 年的某天，一群怒气冲冲的士兵在巴塞罗那拦住了阿拉贡国王佩德罗四世，要国王为服役支付酬劳，还要他赔偿战斗中损失的马匹。国王同意付酬，却拒绝赔偿马匹。"经过许多讨论，说了许多话"之后，国王告诉他们，如果他们愿意，可以随时离开军队。

马匹真的是一笔巨大的开支，所以骑士自然想拥有某种保障措施，以在自己的马匹在战争中死亡后获得补偿。比如在克雷西战役后，法国政府拨出了大笔资金来补偿马匹的损失。马匹的赔偿不仅涉及很高的费用，其手续也很复杂。首先要对马进行估价，还要核实是否有欺诈情节。正因如此，法国和英格兰都在 14 世纪 70 年代取消了赔偿马匹的规定。如果你能在 14 世纪后期成功得到马匹损失的补偿，那可以算是幸运儿了。

▶ 1340 年左右一名来自意大利托斯卡纳普拉托镇的骑士。他全副武装，身披最新式的板甲，外面套着罩衫。他骑着一匹威风凛凛的军马或战马，马穿着华丽的马衣，马衣上有骑士的纹章。

▼ 杰弗里·勒·特雷尔爵士从妻子和儿媳手中接过骑枪、头盔和盾牌。图中的人物，加上纹章上的无足鸟图案，清晰地体现了家族和血统的重要性。马身上也有骑士同款的马衣，马头戴着一个巨大的冠饰。骑枪上的三角旗显示了他的骑士地位。

亚瑟王主持圆桌会议。亚瑟王和圆桌骑士的传说广为流传，你可能早就听说过，不过你别太把他们当真了。

► 身穿袜带骑士团长袍的英格兰国王爱德华三世。袜带骑士团只有 26 名成员，所以能位列其中无疑是极高的荣耀。袜带骑士团创立后不久，法国人创建了自己的星辰骑士团，骑士团中有 300 名成员。

▼ 战争中除了打仗，还涉及休战协议、条约等各种正式的文件。图中一群骑士正将一份密封的文件交给一位国王和他的随从。

or deuise comment on doit tenir le sangler

t a le sangler
li vient court
re sus visai
ge a visaige.
il coit venir
contre luy
non pas cou
rant mais trotant les rines de
la bride bien courtes. et ne doit
point regarder au sangler ne
a ce quil fera. mais penser et
auiser par ou il pourra mielx
asseoir son coup. et sil fiert de

lespieu il doit tenir de hault en las
taut comme il pourra tenir en se
icurant sus les estrieux. Et doit
tout veneur cheuauchier court
auicops que long. car il en est
plus aplie et moins en gittent
son cheual. car sil monte une
coste il se puict soustenir sus les
estrieux. en ne greueta mie tant
son cheual. et ainsi se puct tour
ner et virer et et la cheuaucier.
et sil cheuauchoit long il ne le
pourroit faire. aussi di ie quil

打猎在骑士阶层中是非常受欢迎的娱乐活动，也是练习使用武器的好机会。富瓦伯爵加斯顿·腓比斯写了一本狩猎指南书，把它送给了勃艮第公爵。两张图均来自此书，左图上骑士们正在用剑猎杀野猪，右图上一群骑士与一位女士正在放鹰狩猎，让猎犬去猎捕野鸭、苍鹭等水鸟。

▲ 此图出自傅华萨《编年史》的手抄本,展示了骑士比武大会的场景,参加者正在城镇中游行。骑士比武大会是一种隆重的活动,节日的气氛经常能持续数天之久。在图中,传令官展示英格兰国王纹章图案的旗帜,骑士骑着装饰华丽的马从旗下经过,妇女在一旁观看。

▶ 此图出自傅华萨《编年史》的手抄本,展示了"圣安格勒韦尔的骑士比武"。1390 年,包括布锡考特在内的三名骑士在加来附近的圣安格勒韦尔扎营了一个月之久,接受任何比武挑战。当时有大约 100 多个英格兰骑士前来挑战,而结果大部分是法国骑士获胜。

▲ 宫廷在节庆时会安排各种娱乐活动，但在1393年出现了一场灾难。当时，国王查理六世和五个朋友扮成野人的样子跳舞，庆祝王后的一个侍女结婚。其中一个人的衣服被火把点燃了，最后烧死了至少四个舞者。贝里公爵夫人见到火起，立即用自己的斗篷扑灭了国王衣服上的火，救了国王一命。

◄ 从图中你很容易发现是什么让瑞士骑士雅各布·冯·瓦特这么心甘情愿地去沐浴。此图出自《马内斯抄本》，图中有三个漂亮的少女在服侍他沐浴，旁边还有一口烧水的大锅。他的头盔和盾牌挂在旁边的树上。

► 此图是薄伽丘作品中的一幅插图，图中许多骑士在一个豪华舒适的帐篷里用餐。参战时的生活并不总是这般舒适、奢侈，骑士甚至有时要在露天的环境中睡觉，手里还要拽着缰绳，以防马匹走失。

► 此图展示了瓦尔特·冯·柯灵根打斗的场景，此人是德意志国王鲁道夫的一个随从。他成功将对手击下马，同时很多女士在阳台上观战。

— 7 —

比武大会与马上比武

骑士比武中有一条惯例：输得最多、被击下马次数最多的一方，将被评为最坚定和更强壮的人。

——维塔·爱德华·塞坤迪，1307 年

* * *

比武大会和马上比武都是非常盛大的庆典活动，作为骑士的你应该积极热情地参与其中。这些活动也是展示自身高强武艺的好机会。若弗鲁瓦·德·沙尔尼认为骑士的最高荣誉是在战场上获得胜利，可是实际上战事并不多，何况大家在充满混乱的战场上不一定能注意到你的武艺。如果你能在比武大会或马上比武中证明自己，你会更有满足感。就算你没有获胜，你也会因为被对手击下马而获得"英勇无畏"的赞誉。

正如德·沙尔尼所说，如果想在比武大会上取胜，大笔花费少不了——花钱才能弄到好装备。你应该身体结实强壮，有高超武艺。如果你表现出色，必将赢得很大的声望。你要想在任何其他运动，比如足球（农民玩的运动）中赢得如此高的名誉，那完全不可能办到。

比武大会

现在的比武大会与以前的不一样。12世纪，比武大会在大多数情况下等于一场提前安排好的骑马打斗活动。开始是人群往前

马上比武是一项非常危险的运动。在图中，一个骑士已被击落马下，骑枪也已经折断。如果这种事发生在你身上，要记住成为英勇的失败者并不算是坏事。

冲锋，接着展开混战。参与打斗的人会很多，甚至可能达到3000人。骑士在混战中可能被俘虏，被索以赎金。马匹可能会被当作战利品留下。混战是严肃的活动，在乡下的一片开阔地带进行。现在的比武大会依旧以骑士群体为单位进行战斗，而非个人，但是群体中的人员数量不像从前那么多，而且是在划定的区域内进行。比武大会中组织比武的方式有很多种。例如，在场地上搭一座木头城堡，一方要守卫这座城堡。

你和对手激烈打斗时，可能觉得比武大会和真正在战场上战斗没什么两样，其实不然，因为比武大会上不会有步兵，你不用担心致命的箭矢。你在比武大会中身亡的可能性更低。如果你属于输的一方，你们也不必付赎金。虽然在比武大会和在战场上使用的武器装备有所不同，但你可以趁此机会练习练习。

比武大会之中不只有比武打斗，展示活动和庆典活动也是非常重要的部分。图中的传令官就是在展示参加者的旗帜。

93

比武大会中有不少例行活动，办完以下事情后打斗才会开始：

‡ 宣布比赛项目，选出评委。

‡ 展示参加者的旗帜、头盔和纹章。

‡ 在公平的情况下选出双方的参加人员。

在比赛开始前的两天时间里，会举行参加者的游行活动和庆祝活动，跳舞和喝酒都少不了。

到第三天骑士比武大会才真正开始。参战双方先被绳索拦住，等发出号令，立刻切断绳索，交战开始。观看的人会为中意的一方呐喊助威，还会有人吹起喇叭。混战进行时，会有侍童冲进场地扶起摔倒的人，帮后者重新上马。德·沙尔尼讲述的比武大会情形如下：

> 场上有能打善骑的人，
>
> 场上有厚盾折断了枪杆，
>
> 沉重的击打几乎震断胸骨。
>
> 骑枪立起，20 英尺高；
>
> 利剑出鞘，银光闪闪，
>
> 奋力劈下，击碎头盔。
>
> 血液涌出，奔流如注。

打斗到最后，评委宣布比赛结束，号手吹响号角，让双方收兵。在晚上会有更多的庆祝活动，奖项也会在晚上颁发，其类别有：

✝ 全场最重一击（"全场最佳"奖）
✝ 折断最多骑枪者
✝ 头盔最长时间未被击落者

还有其他形式的模拟战斗，比如全甲格斗（béhourd）。在这些模拟战斗中，参加者会使用更轻、更钝的武器，穿通常用皮革制成的更薄的甲胄。虽然模拟战斗没有真正的比武大会那么严肃，却也是锻炼武艺的好机会。

马上比武

马上比武是一种两名骑士一对一的比武，与比武大会有很明显的区别。马上比武通常分为 3 轮进行，两名骑士骑马朝向对方，攻击对方，目的是从对方左手边经过，同时用骑枪击打对手。马上比武从 13 世纪开始流行。它通常在比武大会正式开始前举行，时间常常是比武大会的前一天。

以前有一个骑士因参加马上比武而出名，那就是德意志骑士乌尔里希·冯·利希滕施泰因，他把自己的经历写进了诗歌里。特别的是，乌尔里希喜欢穿女性服装，他说自己曾装扮成女神维纳斯，参加了无数次马上比武和比武大会，其目的是表达对一位女士的单相思。

> 我装扮成女人模样，
>
> 我拥有的一切都是最好的。
>
> 我帽子上的孔雀羽毛，
>
> 我跟你说，非常好看。

乌尔里希在其他方面也非常怪异。比如有一次沐浴的时候，他叫两个侍童在他的身旁倒满玫瑰花瓣，奇怪的是，他似乎非常享受这个。要是你想用假名去参加比武大会，乌尔里希这个名字

下图出自一本英格兰的手抄本，描绘了进行马上比武的骑士。他们装备了最新式的头盔和铠甲，他们的马匹也穿上了华丽的马衣。装备上展示了他们各自的纹章。

就是非常好的选择，但你最好说自己来自海尔德兰，不要说他真正的家乡施蒂里亚。

如果你想精通马上比武的技艺，就需要学习很多技能。骑马的技术很重要，不过因为人很难同时思考很多事情，所以骑马不是一件易事。你必须保证马匹按直线前进，不偏离方向，更不能撞到你的对手。为了防止双方相撞，西班牙人会在双方之间立起障碍物，不过这个方案还没有引入法国和英格兰。

在比武时不要为了显摆而选择尺寸太大的骑枪。你用过重的

骑枪只能轻轻地击中对手，对手则会用他更轻的骑枪给你沉重一击，把你击下马。因此，更好的选择是挑一根重量适中、称手的骑枪，太大的骑枪会让你在马鞍上难以保持平衡。如果你的骑枪更轻，你的马也会走得更轻松。比武时要时刻观察对手的动作，同时随时调整自己的策略。对手攻击你时，你可能会不自觉地闭眼，但是千万别闭眼，也不要动肩膀。要知道，在1381年，爱德

左边的骑士这局肯定能拿个好分数。他把自己的骑枪折断，并击落了对手。图中的障碍或说挡板是几年前在西班牙发展起来的做法。

华·比彻姆就是因为在比武中动了肩膀，结果被对手击落马下。

乌尔里希·冯·利希滕施泰因是一个马上比武的专家，他曾自夸地描述自己的一次打斗经历：

> 我稍稍远离对手，
>
> （我计划把他打得四脚朝天）
>
> 我击在他的项圈处，
>
> 我接着用类似技巧打斗，
>
> 奥特爵士几乎跌倒。

下面是几条你要记住的要点：

- ✠ 使用较长的马镫，骑马时身体竖直，用左手控制缰绳。
- ✠ 使用重量便于你使用的骑枪。
- ✠ 确保头盔戴正了，这样你才能拥有不错的视野。
- ✠ 把骑枪握在掌心，不要只用指头抓着。
- ✠ 骑枪要摆正，不要偏上或偏下。
- ✠ 身体不要歪，也不要扭动肩膀。
- ✠ 如果你的对手老是攻击同一个地方，你可以调整一下策略。
- ✠ 眼睛要盯着目标，不要看着自己的枪头。

马上比武中使用的头盔和盾牌

圣安格勒韦尔的马上比武

1390 年，在加来（现在在英格兰人手里）附近有一场持续了一个月的马上比武赛事，可以说是马上比武的好例子。如果你能力不足，最好不要参加这种赛事。

当时，布锡考特、雷诺·德·鲁瓦以及桑皮的领主这 3 个法国人在圣安格勒韦尔扎营，宣布将在此迎战所有向他们挑战的人。他们立起两块盾牌，一块代表"战之比武"，一块代表"和之比武"（用钝武器战斗）。挑战者需要骑马前来，击打其中一块盾牌。当时是英法战争的休战时期，所以这次比武既是比武活动，也算是战争的一部分。差不多有 100 个英格兰人前来挑战，都选择了"战之比武"。但是这 3 个法国骑士真的有那么强吗？战斗这么频繁，他们必定要有极强的耐力。在此期间，布锡考特和鲁瓦都受了重伤，至少要休息一周时间。

雷诺·德·鲁瓦和一名叫约翰·克利夫顿的骑士之间发生了一次特别精彩的对抗。当时战况如下：

- 第一轮，双方皆击中了对方的头盔。
- 第二轮，双方皆击中了对方的盾牌，双方的骑枪均被击落。
- 第三轮，双方皆击打到对方头盔顶部，且擦出火花。
- 第四轮，双方马匹都未能走直线前进。
- 第五轮，双方皆折断了骑枪。

・第六轮，双方皆成功击落对方的头盔。

由于规则中没有平局的概念，所以双方都被算作胜利者。两位骑士因为出色的表现而收获了无数的赞扬。

一面法国的旗帜

圣安格勒韦尔的马上比武期间还有盛大的正餐活动和许多庆祝活动，所以它不仅是一场检测武艺和耐力的测试，还是一个重要的社交场合。

用多种武器的比武活动

到上世纪末，骑士间的比武活动不仅涉及马上比武，还包括另一些比武活动，比如用剑、斧头或匕首的搏斗。现在的比武通常由4轮组成，每轮使用的武器都不一样。1377年，一场比武大会同时在圣奥梅尔、阿德尔和加来这3个地方举行，参加者是来自英格兰和埃诺的12个骑士和来自法国的14个骑士。比赛分为很多轮，分为马上比武和步行比武，使用的武器有骑枪、剑和匕首。你可能非常想参加这种活动，一试身手，不过千万要小心。这种打斗活动是极其危险的，而且可能以无尽的争论而非真正的打斗而告终。

1400年，一个阿拉贡侍从迈克尔・德・奥里斯挑战英格兰的

◄　参加比武大会之前一定要做好准备。除了可能用到剑和骑枪，还可能用到匕首。

▼　因为骑士在战场上也常常步行作战，所以比武时步行作战的情况也越来越常见。双方会使用多种武器对战。图中就是两位用长柄斧步行作战的骑士。

骑士。他发誓说，他要一直穿着一块不合适的腿甲，等他与英格兰骑士对战过了才会脱下它。他详细描述了这场战斗：

用战锤重击10下，中间没有间隔。击完后，评委大叫："吼！"未换盔甲，又不间断地用利剑劈了10次。等评委喊出"吼！"，我们将拔出匕首，给对手10击。如果某一方的武器被夺走或从手中掉落，战斗继续，评委喊出"吼！"才能停下。

步行作战环节结束后，双方会继续进行马上比武，直至一方摔下马，或一方受的伤让他无法再战。约翰·普兰德盖斯特曾经接受了他人的挑战，但由于当时还没有邮政服务，送出去的信未能及时送到，于是引发了争吵，双方互相指责谩骂。德·奥里斯写道："我觉得你的行为非常无礼、非常不绅士。"后来普兰德盖斯特要求阿拉贡方面赔偿损失 333 英镑。这件事情在发生大约 4 年后才最终解决，这场战斗也始终没有开始。所以说，请尽量在最开始就避免陷入这种争吵。

表演与宣传活动

政府部门和教宗有时会禁止举办比武大会，因为他们觉得比武大会可能让人分心。今天的英格兰国王亨利五世也持有这种观点。甚至爱德华一世也是，他年轻时热衷于参加比武大会，后来却禁止举行，因为担心比武大会把骑士从他对抗苏格兰人的战争中吸引走。不过，要想完全禁绝这种受欢迎的活动，几乎是不可能的。教宗在 1316 年废除禁令，不再反对举办比武大会。在英法战争期间的 1338 年，法国国王腓力四世禁止举行比武大会，英国国王爱德华三世却大力支持比武大会，因为他觉得比武大会可以很好地激励骑士和贵族去加入王朝战争。卡斯蒂利亚国王阿方索十一世也非常支持比武大会，他认为骑士能在其中很好地练习作战技能。他还规定，在绶带骑士团每次集会之前，都要先举办一次比武大会。

很多比武大会里面有非常强的表演元素：

‡ 1331 年，在伦敦的奇普萨德街举办了一次比武大会。在大会开始时的游行活动中，骑士装扮成鞑靼人的样子，由少女带领走过街道。

‡ 1359 年的一次比武大会中，爱德华三世和他的儿子们，以及一大群贵族，全都打扮成了伦敦市长或市政官的模样。

‡ 1362 年，在另一场在奇普萨德街举办的比武大会上，7 个骑士装扮成"七罪宗"的样子，与挑战者战斗。

这种以历史或神话为主题来进行比武大会的做法，可能源自低地国家，那里的人把这种活动发展为一种民众的节庆活动。如果你去参加一个叫"圆桌"的活动，可能会发现那里正在上演很多与亚瑟王有关的节目。特别说一下，在这些活动中，喝酒和跳舞其实比打斗更重要。到后来，表演和展示活动甚至盖过了比武本身，你也会发现自己把更多的钱用在购置好看的衣服

比武大会和马上比武

一个骑士在马上比武时被打掉了3颗牙齿，从匈牙利国王那里收到了3个村庄作为补偿。

※

据说，波希米亚国王约翰选中第二任妻子就是因为这个女人在他赢得比武大会时送给他一件非常精美的礼物。

※

1342年，爱德华三世召集了500名贵族女性去出席一场在伦敦举行的比武大会。

※

1375年，在一场在伦敦举办的比武大会中，爱德华三世的情妇爱丽丝·佩勒斯带领参加者在街上游行。

※

1383年，萨伏依伯爵在一次马上比武中总共折断了47根骑枪。

◀ 参加比武大会时好好打扮是非常重要的，因为这是一个给小姑娘留下良好印象的绝佳机会。

▶ 如果你想要炫耀，可以在头盔上装饰精美的冠饰。这只适用于比武大会和马上比武，上战场时可戴不得。

上面，而非用来购置优良的装备。

王室在重大场合经常举办比武大会，用于庆祝。比如，1389年伊莎博王后进入巴黎城时，就举办了浩大的庆祝活动，以及一场有60名骑士参加的比武大会。不过扫兴的是，马蹄扬起很多灰尘，导致大家什么也看不清。第二天在场地上洒了水，可还是没有用。后来专门为比武大会建造了一座大厅，活动转移到室内，这才解决问题。当时，布锡考特等骑士一起比武打斗了近两个小时，取悦了在一旁观看的女士们。

奖　品

你能比武大会中赢得荣誉，运气好的话还能得到一位美丽姑娘的青睐，除此之外就没有什么吸引人的奖品了。此外，其实你也能获得一些头衔。比如阿根泰因的贾尔斯就因为在比武大会中表现出色而成了"格林伍德骑士"，后来被誉为基督教世界排名第三的骑士。举一些奖品的例子：

✝ 在1390年的伦敦，有一个金底座的号角、一只戴着金项圈的格雷伊猎犬、金指环和金腰带各一件。

✝ 在1406年的佛罗伦萨，有一件镀银狮子雕像、一顶天鹅绒帽子、一顶饰有银龙的头盔、一顶用彩色羽毛装饰成羽翼的比武大会用头盔。

你还可能赢到马匹，尽管马不是主要奖品。比武时，如果你成功击中对手，并让他完全离开马，那么他的马就归你了。如果对方以犯规的方式击落你，你也可以拿走他的马。至于双方同时落马的话如何评判，尚存争议。这个问题由若弗鲁瓦·德·沙尔尼提出，但他给出的答案并未被记录下来。

时刻注意

虽然许多比武大会都以庆祝为主，打斗次之，但你还是要十分小心。骑枪是一种非常危险的武器，它可能引发悲剧，例如以下事情：

‡ 约翰·莫蒂默丧命于 1318 年的一次比武大会。
‡ 1344 年，在一场庆祝法国国王腓力五世婚礼的马上比武中，担任元帅的伊尤公爵拉乌尔被骑枪刺中，随后死去。
‡ 1382 年，索尔兹伯里伯爵威廉·蒙塔古在一场比武大会中杀死了亲儿子。

除了骑枪，你还要小心其他东西。比武大会的各种庆祝活动中隐藏着很多危险，甚至表演用的行头都可能带来危险。比如在1393年，法国国王正和他的几个廷臣扮成野人模样，欢快地手舞足蹈，突然其中一人的衣服被火把引燃，导致数人在火灾中丧生。法国王室至今没有对健康和安全给予应有的重视。

— 8 —

参 战

我们身处战场，骑着迅捷的战马，用盾挡住脖颈，放低骑枪。我们的四肢被严寒冻僵了，不听使唤。我们的敌人正在慢慢靠近。

——《苍鹭的誓言》，14世纪中期

* * *

你在战役的大部分时间里都没有乐趣可言，都在辛苦而不间断地行军。你会希望发生一些能让你展现骑士光辉的事情，可是你在很长时间里只能在没有多少人烟的乡下骑马前进，根本见不到敌人。

何时参战

在一年的任何季节你都要做好参战的准备，因为你在这件事上没有多少选择的机会。很明显，参战的最好时机是天气良好、食物充足的时候——也就是夏末。你可能会发现，英格兰军队参加克雷西战役是在 8 月 26 日，参加普瓦捷战役是在 9 月 19 日，这两个日子都在夏末。然而，事情不可能总是安排得这么好，有可能你到年末了却还在战场上。

- 秋天参战（尤其是在欧洲北部）意味着泥泞的战场环境，因为人、马匹和马车会把战场踩得混乱不堪。
- 在冬天会下雪。如果你冬天在波罗的海地区行军，你会被冻得发麻。1339 年 2 月在伦巴第打响帕拉比亚戈战役时，忽然下起了雪。
- 春天参战的话，虽然天气很好，但是食物不足。此外，在北意大利，阿尔卑斯山的积雪融化，让伦巴第的河流水位上涨，为军队行进增加阻碍。
- 夏天是参战的最好季节，但是天气可能非常热，特别是在欧洲的南部。

或许你最好用科学的方法来决定参战的时间。比如，1391 年 1 月 11 日，约翰·霍克伍德的军队在早晨 5 点半走出帕多瓦，这个准确的时间源自占星师阿莱西奥·尼古拉的建议。

召　集

为召集军队要做很多工作。需要列出各个小队的成员名单，定下支付酬劳的协议。或许还需要讨论军队主要成员的挑选，以及战斗时的队列问题。

召集一般要花上一段时间，因为士兵到达地点需要时间。等待期间非常沉闷无聊，你也不会有时间去训练。

扎　营

如果你读过韦格蒂乌斯关于兵法的著作，你肯定知道古罗马军队在扎营时会小心谨慎地计划和组织。我们这个时代的人在这方面赶不上古罗马人。在行军途中，会有人在前面探路，寻找适合扎营的地点。如果运气够好，周围可能有一些村镇，你可以征用那里的房子。决定谁住房屋是元帅的工作，但大多数时候都由士兵自己决定。每个人都有帐篷住。乔叟就在自己的作品中这样描述托帕兹爵士：

> 因为他是一个大胆的骑士，
>
> 他不愿睡在任何房屋里，
>
> 只需戴着风帽躺在地上，

铮亮的头盔就是他的枕头，

他的战马在一旁，

吃着美味的牧草。

1327年英格兰军队攻打苏格兰时，骑士只能跟普通士兵一样露天睡在泰恩河边，同时手里还要攥着马的缰绳。但是如果你的部队足够庞大，且行进速度缓慢，那么你就有机会使用行李车上的帐篷等装备。下面的文字出自《凯尔勒孚热克之歌》，描述了1300年英格兰军队远征苏格兰时搭建的营地：

> 我们被元帅分为4队，接着建起了各式各样的房子，尽管我们没有木工或泥瓦匠。房子用很多绳子拴着，盖着一些白布和彩布，用很多楔子紧紧固定在地面上。许多大树被砍来做棚屋。在树林中收集到的叶子、灌木和花朵被撒在营地里。我们的人都有了自己的居所。

有记录显示，英国国王爱德华一世有一个豪华的皮革帐篷，又为这场战役准备了20个新的帆布帐篷。有这么多帐篷，听起来很美好，现实却非常煎熬。帐篷里不会有上厕所的地方，而且要是赶上下雨，再豪华的帐篷都会漏水。

此图来自一幅锡耶纳的壁画。图中指挥官住着豪华的帐篷，普通士兵只能在简陋的棚子里凑合。

如果敌人攻入营地，帐篷无法提供任何保护。帐篷也很容易倒塌。

队伍的行进

开始行军之前一般要进行下列准备程序：

‡ 各队举起旗帜，以让士兵知道自己该去何处。

‡ 一声号响，把马匹聚拢，喂食燕麦，安装马鞍。

‡ 二声号响，你要吃饭。

‡ 三声号响，你要穿戴盔甲，拿好武器。

‡ 四声号响，你要上马，找到旗帜，然后上路。

全军前进会是一幅非常壮观的画面。1300年爱德华一世率军前往苏格兰西南部的行军场景也被记录了下来，这次也是在《凯尔勒孚热克之歌》中：

在定好的日子，整支队伍准备完毕，高贵的国王带着侍从，向苏格兰进发。虽然他们没有穿罩衣和罩衫，却骑着强大而昂贵的战马。他们不会遇到突袭，因为有精良而可靠的装备。有许多昂贵的马衣，由丝绸和缎子制成，上有刺绣。有许多漂亮的三角旗，绑在骑枪上。许多旗帜随风飘扬。从远处就能听到马的嘶鸣声，山谷间到处都是驮马和运送补给、营帐和帐篷的马车。

你有时会发现行军时队伍的组织工作不是很到位，军队没有按照既定的队列行进。应该有一支前锋部队、一支后卫部队，中间是大部队。还应该有侦察兵在部队前面侦察敌情。然而在现实中，各个队列可能走不一样的路线，也会出现不少掉队者。在白天行军时，骑兵通常远远地走在步兵前面，而行李车则远远地落在后面。于是整个队伍在乡间散布得到处都是。大部队带着一大群步兵，行李车在后面慢慢挪动，部队也随着慢慢移动。1359 年，爱德华三世花了一个月才率军从加来走到兰斯，平均每天才走 8—10 千米。

然而，如果你参与的是骑兵袭掠（chevauchée），那情况就完全不同。1355 年，黑太子率军从加斯科涅突袭纳博讷，每天可以走 40 千米以上。快速骑马之后，你会筋疲力尽，正如阿拉贡国王佩德罗四世在 1364 年发现的那样：

> 我们下马后都在抱怨这漫长的一天，因为我们整天都没有下马，饭都是在马背上吃的，我们所有人都一样。我们最后下马后，一个个都瘫倒在床上，抱怨一路的辛苦，说受够了这段强行军。

这样高强度的活动，不仅人受不了，马也受不了。在 1355 年黑太子的那次袭掠活动中，人在中途没有水可以喝，实在渴得难受的时候才能喝一点葡萄酒解渴。因此第二天就有人步履蹒跚，连站都站不稳。最后很多人都倒在了半路。

正在行进的军队。有时一支队伍可以延伸数千米。

食 物

千万别期待参加战役的路上会有好吃的等着你。根据西班牙人古铁雷·迪亚兹·德·加梅斯的描述，你可能只会得到"发霉的面包或饼干、熟肉或生肉。今天有吃的，明天就得挨饿，葡萄酒也只有一点点，要不干脆没有"。尽管这样，你还是需要吃很多东西，因为参战非常耗费体力。基本的食物是面包，面包是用粗面粉做的。有时候你能喝到一点粥，粥是麦子加上干菜豆和豌豆炖煮而成的。在途中或许能吃到肉或鱼，这在很大程度上取决于你们能捕获到什么，军队会充分利用身边的资源。苏格兰人很擅长处理他们捕获的牛。他们先把牛剥皮，然后用这张皮把肉包好，在火上烹熟。1343 年阿拉贡国王佩德罗四世入侵马略卡岛时，他的步兵团队阿尔莫加维尔（Almogàver）"横扫了一片土地，捕获

116

了很多大大小小的动物，为他们的主人弄到了足够多的肉"。

在行军途中你千万不要喝水。你可能会不太习惯，但是如果你喝了水，第二天就很可能生病。为军队提供补给时很重要的一件事就是准备足够的葡萄酒和麦芽酒，如果准备不到位，就可能酿成大祸。比如在1356年进攻苏格兰的英格兰军队，没有喝的，只能接雨水喝，最后只能撤兵。酒的消耗量很大，平均每人每天要喝1加仑（约4.5升）。喝酒也能浇去战役一路的痛苦与愁绪。

在战役中，如果敌人掌握了你方动态，就会带来大麻烦。比如，敌人可能把你将到达的地方上的资源都清除掉。这对入侵军队来说可是非常棘手的事。据说1322年英格兰军队侵入苏格兰后只找到一头瘸腿的牛，其他什么也没有。

即使在食物充足的时候，也最好听从德·沙尔尼的告诫：骑士必须生活节俭。布锡考特元帅就坚持以下准则：

打胜仗离不开充足的食物供应。下图出自《鲁特雷尔圣咏集》，图中大家正在准备一个盛大的宴会，可能是为了庆祝一场战斗的胜利。

‡ 只吃一种肉。

‡ 不吃奇怪的酱料。

‡ 酒必须掺水喝。

‡ 用锡制或木制容器装食物，不用金银容器。

也可能出现非常理想的情况。当你的部队占领了一座城镇，找到了很多食物，你就可以大吃一顿了。你还可以随身带一点香料，来给食物调味。当年亨利·博林布鲁克参加十字军东征时就随身带了姜、丁香、糖、肉豆蔻、胡椒、藏红花粉和茴香籽。其实，对事物太挑剔不是什么好事。千万不要学富瓦伯爵加斯顿，他只吃家禽的翅和腿。

在战役中的伙食对牙齿非常不好。吃的面包用粗面粉做成，这种面粉是用小石磨磨出来的，含有大量砂砾。所以嚼面包的时候，里面的沙会磨损你的牙齿，慢慢磨平。

烧杀抢掠

对于军队来说，破坏敌人的土地是最有效的策略之一。骑兵袭掠就能造成极大的破坏。约翰·温菲尔德在一封信中如此描述黑太子在 1355 年的突袭行动：

我的领主，你会乐于知道，我的领主已经袭击了阿尔马尼亚克伯爵领，并且攻占了数个有城墙保护的城镇，将其烧毁，仅有一些有守军的城镇得以幸免。领主又攻入了里维耶尔子爵领，拿下了当地的主要城镇普莱桑斯，又放火烧了它，并且破坏了周边的乡村地区。

约翰在信中又列出了一长串名单，名单中都是遭到黑太子焚烧和破坏的地方。一部编年史记载，在黑太子的突袭过程中，共有11座城市、3700多个村庄遭到损坏。火是一种关键的武器。亨利五世说过："没有火的战争就像没有芥末酱的香肠。"阿拉贡国王佩德罗四世也觉得火是兵家常事，还非常写实地描述了他的军队在某次战役中纵火的事情：

我们先睡在穆尔迭多，之后在艾库布列斯过夜。我们在路上破坏了唐·佩德罗的土地，在它满目疮痍后，放火烧掉了一切。

你或许会发现，其实你可以把搞破坏这种事交给一般士兵去做。意大利的雇佣兵军团甚至会雇用专门搞破坏的兵，即破坏兵（guastatori）。1371年，雇佣兵卢茨·冯·兰道和布雷西亚的费德里戈组织了一场大规模的破坏行动，烧毁了约2000座房子。穆尼亚诺-迪-克雷塔镇被他们焚烧殆尽。木头房子非常容易着火，而石头房子有木头地板和茅草屋顶，也很容易着火。

你可以杀掉房子里的牲畜，但最好还是把它们偷走。据说约翰·霍克伍德1385年在意大利的劫掠活动中，仅一次就抢走了至少1200头公牛和至少15000头猪和羊。如果你从修道院的土地上抢了牛羊，院里的修士可能想把牛羊赎回去，你可以把他们赶走。

杀光所有的居民不是好主意，最好让他们花钱赎身。就算是农民也可以拿来勒索。有一回，德意志雇佣兵哈内克·邦加德从一个富有的医院的庄园里俘虏了一些农民，后来从每个农民那里各收取了31弗罗林赎金。编年史家让·德·韦内特是为数不多的同情农民的人，他描述说：

> 贵族唯一的欲念就是迫害农民，让他们劳役至死，让他们在自己的面前毫无保护。于是，悲惨的农民遭受了来自各方的迫害，无论来自朋友还是敌人。他们必须向双方交贡金，才能耕种自己的葡萄园和田地。

你可能会想，这些行为这么恶劣，是不是违背了你成为骑士时接受的那些骑士精神？法学家奥诺雷·布韦也认为穷人不应该遭受如此折磨，他在《战役之树》中写道：

> 如果让我去想，伤害贫穷的百姓能体现荣耀和勇敢，我的灵魂也不会让我这样做。这些百姓只求食用自己的干面

包，在田地里自己的绵羊旁边，或在棚子或茅屋里睡觉。

布韦认为，这种伤及劳动人民的战事不符合骑士精神的传统，战士的真正职责应该是维护公平正义，保护寡妇、孤儿和穷人。然而在现实生活中，你可能懒得管这些条条框框。抢劫在战争中是不可避免的，做这种事的是军队，不是骑士。焚烧领地不一定涉及杀人的事，除非那些居民蠢到试图来阻止你。在任何情况下，农民都与骑士世界毫无关系。如果你落到农民手里，他们也不会心慈手软。既然如此，你也不必手下留情。1358年法国爆发农民起义，农民们把一名骑士烤熟，还强迫这位骑士的妻儿吃他的肉。

一群骑士和士兵正在攻击农民。对于手无寸铁的平民，战争的法规和惯例几乎无法提供保护。因此农民经常遭到士兵的攻击和踩踏。

军　纪

根据《战役之树》的记载，如果士兵犯了以下过错，则应被处以死刑：

† 攻击自己的指挥官。

† 给敌方透露情报。

† 杀害己方战友或自杀。

对自杀的人判处死刑怕是有点难。这些规定看上去非常严苛，但在真正实行的时候其实没这么吓人。而且，如果兵员服役没有工资拿，则更难施行上述惩罚。作为一名骑士，你应该期待自己去惩罚别人，而不是受到惩罚。

纪律的管理由元帅和统帅负责，你自己也可以充当他们的副手。大多数时候，他们需要防止军中出现小偷小摸等较小的违纪行为。不过在行军时，你需要注意不能让别人走在军旗手的前面，否则就是非常严重的违纪。此外，无权下令的人乱嚷"上马！"等口令也算严重的违纪行为。你只需要管好自己的手下。1374年法国军队中有一条规定：你必须对部下的所有行为负责。

英国人也制定了一些细致的军规。理查二世在1385年制定了一套军规。亨利五世是一个出了名的厉行纪律的人，却严格得过了头，制定了4套军规。这些军规非常详细，覆盖了很多常见问题，比如，保证士兵正常站岗，没有得到命令的人不得擅自骑马离开。此外，你应该遵守安排宿营的人的命令。军纪还规定了抓获俘虏后应遵循何种程序。没有队长的允许，你不能擅自收完赎金放回俘虏。亨利的军规甚至有规定禁止讲涉及一个英格兰人、一个爱尔兰人和一个威尔士人的笑话。

法国元帅布锡考特很重视军纪，但是他的传记没有透露多少他执行军纪的事情。他会谨慎地任命经验丰富的军官，不遵守这些军官的命令的人都会受到惩罚。布锡考特是一个很正经的人，所以禁止下属用骰子赌博，规定说脏话的人会受到严厉的惩罚。听到这里你可能会质疑了：在现实生活中真的能阻止士兵说脏话吗？

1370 年，在罗伯特·诺利斯的部队中出现了一个他无法解决的纪律问题。当时他负责一次目标为法国的大型突袭活动，这也是他们首次进行这种大规模行动时没有伯爵领导。战果不佳，因为法国人早已知道如何应对这种袭击——他们坚壁清野，清空了一路上的土地。约翰·明斯特沃尔斯等军官不服从命令，诺利斯军队的纪律完全崩溃了。军官们反对诺利斯是因为诺利斯的社会地位比他们低。此类事件很少发生，因为诺利斯这样的军事专家一般会受到大家尊重。

维持雇佣兵军团里的纪律可不容易。比如，当威廉·戈尔德和他的同伴违抗命令时，约翰·霍克伍德迫不得已用死刑来威胁他们。有一则故事说，霍克伍德的两个部下因争夺一个年轻漂亮

罗伯特·诺利斯爵士

诺利斯生于英格兰柴郡，14世纪40年代在布列塔尼第一次参战。1356年，他跟随兰开斯特公爵前往诺曼底作战。1358—1359年，他在法国中部进行了毁灭性的突袭活动。14世纪60年代，他先后在布列塔尼和西班牙参战。1370年，他在法国领导的突袭行动失败了，但他仍然在战争中位居领导地位。1382年，他在镇压英格兰农民起义的活动中发挥了重要作用。诺利斯曾与休·卡尔维里保持战友伙伴关系，后者也是柴郡人。战争给诺利斯带来了非常可观的财富。他于1407年逝世。

的修女而争吵不休，霍克伍德为了平息争吵，竟把这个修女刺死。不过，这个故事可能只是霍克伍德的敌人为了抹黑他而编出来的。

医 疗

参加战役时，你应该尽量让自己别受伤。如果你受了伤，需要治疗，那可真是不幸。比如贝特朗·杜·盖克兰，他在莫伦围城战中被石头击中，落入护城河，救上来时不省人事。为了让他醒过来，法国士兵把他埋到粪堆里，只露出头。粪堆的高温居然让他醒了过来。

如果你需要做手术，那最好去找亨利·德·蒙德维尔这样的人做。蒙德维尔曾为法国国王腓力四世效力，曾参与军事活动，后来在蒙彼利埃任教，撰写了一部关于手术和医学的巨著。如果你想找一些解决诸如切除腐败的残肢等问题的建议，就可以看他的这本书。这本书还介绍了从膝盖里拿出弩箭的方法：让一个人用锤子砸弩箭的一端，同时保护好伤者的关节。

著名英格兰外科医生阿德尔纳的约翰就医治过很多士兵。他擅长治疗直肠病症，著有《论肛瘘》。人长时间骑马，就可能患肛瘘这种让人难受的疾病。对于这种病症，约翰除了推荐手术治疗，还推荐灌肠治疗和热水浴。你肯定不会想遭受这种罪。

外科医生有时能起到非常大的作用。比如，威尔士亲王在

尽量不要做手术。上图出自一本讨论外科手术的书，作者是萨莱诺的罗杰。图中一个医生正在检查病人的病情，看起来这些病人他一个也治不好。

1403 年的什鲁斯伯里战役中被一支箭重伤，那支箭扎进了他鼻子的左边，倒钩深深地留在肉里。开始人们给他喝各种调配的药水，可是没有效果。后来外科医生约翰·巴德摩尔专门做了一件形似钳子的工具，为他把箭头取了出来。问题在于，如果你受伤了，不一定找得到外科医生。外科医生甚至不一定愿意给你做手术。例如，有一次一个船长受了重伤，在场的外科医生却非常害怕，不敢用灼烧来给伤口消毒，最后西班牙骑士佩罗·尼诺亲自用一块烧红的铁给船长做了消毒。

别埋怨战争啦，在我们的时代，瘟疫杀死的人要多得多。瘟疫在 1347 年蔓延到西方，当时在克里米亚的卡法正在打围城战，一条热那亚船把瘟疫从卡法带到了西方。瘟疫第一次大规模爆发的时候，大约一半当地人因此丧命，在某些地方的死亡率甚至高于一半。奇怪的是，瘟疫的爆发并没有如你想象的那样妨碍各种战役的进行。尽管在瘟疫首次爆发的后几年没有出现大规模的远征活动，但是瘟疫给军队造成的影响并未让哪场战役得以终止。你对瘟疫根本无能为力，因为没有人知道瘟疫产生的原因，医生也找不到有效的治疗方法。

战　绩

你或许会觉得自己在战役中并没有参加多少真正的战斗，没

战役小知识

参加战役时你可能会晒伤皮肤。法国医生亨利·德·蒙德维尔有一条防晒伤的建议：混合蛋清和小麦粉，再涂到脸上。

1359 年，爱德华三世的军队为了能在行军路上吃鱼，还带了一些皮革做的小船。

1382 年法军在佛兰德斯参加战役时，由于一个错误的警报，他们在及膝深的烂泥里站了一整夜。

若弗鲁瓦·德·沙尔尼认为，你不应该太在意食物和酱料的好坏，也不应该浪费太多时间来选择喝哪种酒。

如果你把面包绑在马鞍上，吃面包的时候就得品尝马的汗味了。

法国国王查理六世第一次发疯时，拔出宝剑，看到谁就追谁。无奈，那场战役只能因此而终止。

有多少展示武艺的机会。当你因为在乡间地区烧杀抢掠而感到快乐之后，自然会想在什么时候身骑战马，挥舞骑枪，一展身手。答案就是，你可以向敌将下战书，与他在公平的条件下对战。实际上，这种战争中的比武活动更像比武大会，而非真正的打仗。

按照传统习惯，在两军全面开战之前会有一场一对一的比武。1333 年哈利登山战役开始之前，一个体型巨大的苏格兰人，叫作特恩布尔，挑战英格兰骑士罗伯特·本哈勒，最后却落得惨败。从那时起，两军之间这种形式的比武活动越来越普遍。这也是你展示武艺的绝佳机会。1346 年的一场战役中，一个法国骑士和一个英格兰人罗伯特·科尔维尔之间发生了一次非常经典的比武。这个法国骑士向罗伯特挑战，宣称为了自己心爱的女人而比武。他与科尔维尔进行了两轮比武，却没有进行第三轮，因为那名法国骑士的盾牌被打破了。

1382年，当时有一个年轻的法国骑士叫特里斯坦·德·鲁瓦，他得知卡斯蒂利亚与葡萄牙讲和之后，以剑桥伯爵的名义派遣一名传令官去英格兰，问英格兰人是否有人愿意与他一战。当时有一个名叫迈尔斯·温莎的英格兰侍从，他非常想被封为骑士，于是接受了挑战。一大批英格兰骑士陪他前往西班牙巴达霍斯，看他参加比武。交战前，这名侍从按照正常程序被封为骑士。比武的双方各有3支骑枪，每支骑枪都折断了，盾牌和盔甲也都被打得破烂不堪，但他们两人都未受伤。后来大家都觉得这是一次非凡的比武活动，于是两人都获得了非常高的荣耀。

也有规则约束这种比武活动。1379年，一个叫威廉·法林顿的英格兰骑士参加决斗，脚下一滑，不慎刺穿了对手的大腿。这是一件非常丢脸的事，因此白金汉伯爵极为生气。后来威廉为此事道歉，他的犯规行为得到了大家的原谅。在这种形式的战斗中，英法之间的这种国与国之间的事情其实没有多重要，大家最关心的还是个人荣誉。

经常参加这样的战斗有助于提升你的声望。但是，下挑战书之前一定要仔细斟酌其危险性，看是否值得。

— 9 —

十字军

他到过立陶宛，到过俄罗斯，

再无其他地位相似的基督教徒如此频繁地出征。

他到过格拉纳达，参加过阿尔赫西拉斯

围城战，曾在阿尔梅里亚骑行。

他到过阿亚什，到过撒塔利亚，

并将其攻占。在地中海，

他曾与许多贵族并肩而战。

——乔叟，《坎特伯雷故事集》前言，14 世纪末

＊ ＊ ＊

　　参加十字军运动应该算是你骑士生涯中的顶峰。传统上十字军运动的目的是前往耶路撒冷，把它从穆斯林那儿夺回基督徒手中。但是时代变了，现在你可以去很多地方参加十字军运动了。乔叟笔下的骑士没有去法国参战，而是去亚历山大里亚、普鲁士、拉脱维亚、西班牙参加十字军运动。他在地中海和波罗的海沿岸地区战斗，取得了非常辉煌的战绩。如果你想要出门闯荡，参加

十字军运动就是非常好的机会。除此之外，十字军运动让你有机会为教会而战，它把骑士制度中的宗教理想与现实中的战斗结合了起来。如果十字军用剑杀死了一名异教徒，在上帝的眼里就等于是完成了一件伟大的事业。如果他运气不好，被一个马穆鲁克或者土耳其战士用一把精心锻造的大马士革刀刺死，就等于是得到了一张前往天堂的头等票。灵魂的救赎吸引着十字军战士。

面临的问题

你参加十字军运动时可能会遇到大量问题，所以你在参加之前应该仔细考虑。阿卡是十字军在圣地控制的最后一座城市，已经在 1291 年最终落入穆斯林军队手中。现在的我们已经不可能再现当年的辉煌，如今也不再有需要去保卫的十字军国家了。无论如何，收复耶路撒冷这座世界中心的黄金之城是一点希望都没有的。如果你确实想去耶路撒冷，那你只能以朝圣者的身份去，不能以十字军战士的身份去。

基督教世界正处于危险的境地。埃及和叙利亚的马穆鲁克人拥有强大的军队，但是奥斯曼土耳其人是更大的威胁。奥斯曼土耳其人约 100 年前开始崛起，他们的国家叫奥斯曼帝国，1326 年定都于小亚细亚的布尔萨。奥斯曼帝国后来扩张到巴尔干半岛，于 1385 年攻陷了索非亚。1389 年，他们在穆拉德一世苏丹的领

图中就是乔叟在《坎特伯雷故事集》中提到的那位骑士，他是一名强大的十字军战士。他的原型可能是热衷于参加十字军运动的骑士菲利普·德·梅济耶尔。

导下又打赢了科索沃战役，击败了巴尔干半岛的王公们。还有一些来自中亚民族的新威胁，比如帖木儿，他是一个强大的领导者，曾建立了一个庞大的帝国，后于1405年去世。

　　参加十字军运动之前，你应该注意阿根泰因的贾尔斯曾遭遇的不幸事情。贾尔斯是一个非常有名望的骑士，曾被一些人认为属于基督教世界三大最优秀的骑士之一。他在1311年前往地中海参加十字军运动，没有被穆斯林抓住，却被以罗得岛为基地的希腊基督徒抓获，被监禁在萨洛尼卡。英国在外交上花了不少力气，才使他在1313年得到释放。

地中海和巴尔干地区

如果你仍然要参加十字军运动，你可以参加前往地中海地区的远征队，不过现在不可能像从前那样让西方的王国一起出力组建一支大规模的远征队。有人写过一些关于大规模十字军运动的计划和论文，其中最值得注意的是法国律师皮埃尔·杜布瓦和威尼斯人马里诺·萨努多的著作。不过，把这些理论付诸实践是很难的。

✝ 14世纪30年代，英法两国国王本有意联合发动十字军运动，最后双方却闹得打了起来。

✝ 塞浦路斯国王彼得一世曾去欧洲招募十字军战士，并在欧洲参加了不少比武大会。他在1365年组织了一支远征军，并成功在埃及攻占了亚历山大里亚，但这座城不久后又被敌人夺回。不过，十字军战士在这次远征中夺得了大量战利品。

由于很少有大规模的远征活动，所以你可以经常参加一些针对地中海港口的小规模袭击活动。不过小规模袭击带来的成就也很小，若弗鲁瓦·德·沙尔尼有一次袭击伊兹密尔之时就认识到了这一点。1390年，波旁公爵率军突袭突尼斯港口城市马赫迪耶，但最终失败了，因为当时大部分十字军战士都接受了守军提出的条件。疾病和食物的匮乏也在一定程度上促使他们离开马赫迪耶。

你还有一种选择，那就是去巴尔干半岛攻打奥斯曼土耳其人。14 世纪 90 年代初，匈牙利国王西吉斯蒙德致力于在基督教世界征募军队，想应对奥斯曼帝国的威胁。但是到 1395 年远征军出发时，其中大部分都是来自法国和勃艮第的军人以及西吉斯蒙德自己的军队。对奥斯曼土耳其人发动十字军运动有一个问题，那就是他们战士的实力非常强大。不出所料，西吉斯蒙德率领的队伍 1369 年在多瑙河边的城市尼科波利斯被穆拉德一世的继任者巴耶济德轻松击败。

1390 年，波旁公爵率领的十字军队伍坐船前往马赫迪耶。

你甚至可以给穆斯林统治者效力，就像乔叟笔下的骑士所做的那样：

> 这个同样有价值的骑士也曾
> 时不时效力于帕拉提亚的领主，
> 助他在土耳其对抗另一个异教徒。

令人诧异的是，布锡考特也有过这样的经历。1388年，他为苏丹穆拉德一世效力达3个月之久。他当时希望发起针对其他穆斯林统治者的远征活动，却未能成功。

西班牙

有条建议不是每个人在这个时代都会跟你讲，但我得告诉你，最好避免与马穆鲁克人和土耳其人产生纠纷，你还可以去别的地方参加十字军。在西班牙，随着阿拉贡、卡斯蒂利亚和葡萄牙的不断扩张，多年以来摩尔人不断撤退。如果你去西班牙，可能会惊奇地发现这些基督教王国竟然已经采用了这么多摩尔人的生活习惯。你还会惊讶于西班牙的文化混杂状况，比如说，西班牙的城市里有许多公共浴室。西班牙还有一个由穆斯林统治的格拉纳达埃米尔国，它是十字军运动的目标。

许多十字军运动的典型案例就发生在西班牙。苏格兰国王罗伯特·布鲁斯在弥留之际，说他想让自己的心参加十字军运动，并叮嘱詹姆斯·道格拉斯把自己的心带去西班牙。道格拉斯就把国王的心脏装在一个银盒子里，然后把盒子挂在自己的脖子上。卡斯蒂利亚国王阿方索十一世花了两年时间，终于在1344年率十字军攻破了阿尔赫西拉斯。他军队里的骑士来自全欧洲，包括德比伯爵、索尔兹伯里伯爵、富瓦伯爵，以及法国国王的表亲纳瓦拉的菲利普。乔叟笔下的骑士也参与了阿尔赫西拉斯围城战。十字军确实需要骑士去帮其对付格拉纳达的摩尔人，但是你要记住，摩尔人是非常危险的对手，他们很明白如何对付十字军。

波罗的海

除了地中海地区，波罗的海也是一个非常吸引人的目的地。教宗相当乐意把十字军的全部待遇都授予愿意去那里攻打异教徒的人。十字军运动在地中海地区常常失败，而波罗的海的十字军运动更加安全，更容易让参加者获得满意的体验。布锡考特曾前往波罗的海参加十字军运动，他发现那次远征"如此辉煌，如此荣耀，如此之好，还有如此之多的骑士、侍从和贵族一同前往"。

波罗的海周围是德意志人扩张的主要地区，条顿骑士团则是德意志人向东扩张的先锋力量。最初建立条顿骑士团是为了前往耶路撒冷参战，但是后来他们的兴趣转移到了波罗的海。1308年条顿骑士团占领了格但斯克，又于次年在马林堡建立了自己的基地。当时有人评论说：

> 受祝佑的条顿的玛利亚的骑士团是一个德意志人的骑士团，他们只接受能说德语的人为他们的弟兄。

条顿骑士团在普鲁士建立了职责明确的政府体系，在利沃尼亚也非常有势力。但是1410年它在坦能堡被波兰人击败，此后势力就不如往昔了。条顿骑士团发动十字军运动的主要目标是立陶宛人。立陶宛人是异教徒，虽然其统治者维陶塔斯已经在1386年改信了基督教，但是从国家层面看改信过程才刚刚开头。不过你不要据此认定立陶宛人非常原始。他们的国家有良好的组织，他们自己也是非常优秀的战士。他们的一些习俗你可能受不了，比如，他们实行一夫多妻制，会将死者进行火葬，把一些树视为神圣之物。所以条顿骑士团非常需要你去帮助它打这场似乎永无止境的战争。

德意志人搞"十字军之旅"（Reise，复数 Reisen）的办事效率真的很高。条顿骑士团知道你想要什么。你可以把"十字军之旅"当成一种十字军运动套餐，其活动包括露天宴会、狩猎活动和骑士比武，有时你还能碰上几个异教徒。此外，森林里随处可见白鼬和黑貂，你兴许还能买到一件质量上乘的毛皮大衣。如果要去波罗的海，你应该先走海路到达马林堡或者柯尼斯堡，毕竟走海路比走陆路方便得多。上岸之后，条顿骑士团会让你前往立陶宛。你到立陶宛之后可以从夏季和冬季中挑一个季节，在那时出去远征。冬天非常非常寒冷，但你可以在结冰的道路上骑马飞驰。在夏天，你恐怕会盼望夏天的高温能帮你晒干潮湿泥泞的道路。

前往波罗的海地区的骑士非常多。虽然其中德意志人占大多数，但是来自基督教世界其他地区的骑士也有不少。1367—1368 年的冬天，

一名 14 世纪的德意志骑士。德意志人主要的十字军运动就是向波罗的海地区扩张的活动，其领导者是条顿骑士团。

有 97 名英格兰骑士获准来到普鲁士。当时已经有大批法国骑士参与了当地的活动。布锡考特曾 3 次前往立陶宛攻打异教徒，其中一次发生在冬天，当时他们一行花了 8 天时间紧追敌人。返回马林堡后，一场盛大的晚宴等着十字军战士，来自 12 个不同国家的骑士被选出在贵宾席上落座。布锡考特可能有些不开心，因为他

1390 年，亨利·博林布鲁克率军去波罗的海参加十字军运动，队伍包括：13 名骑士、18 名侍从、3 个传令官、10 个矿工、6 个吟游诗人、60 个仆人，等等。

✝

荷兰伯爵威廉四世 7 次前往波罗的海参加十字军运动。

✝

立陶宛人崇拜许多神灵，如火与雷电之神佩尔库诺斯、丰产与河流之神波特里姆波、死后世界之神匹科洛斯。

✝

苏丹巴耶济德在尼科波利斯击败了十字军，之后却在 1402 年被蒙古统治者帖木儿打败，自己还被俘虏了。

没有被选上。亨利·博林布鲁克，也就是之后的英格兰国王亨利四世，也曾两次去波罗的海地区参加远征，第一次是在 1390—1391 年，他当时参加了激烈的维尔纽斯围城战。但是这两次远征给他带来了愉快的体验，他一路有吃有喝。虽然十字军运动是宗教性的活动，却并不妨碍亨利吃喝玩乐。比

一个十字军骑士正在祷告。虽然十字军运动的中心目标是宗教，但是十字军战士也希望自己能获得荣誉和财富。

起花钱救济穷人，他更愿意把钱花在赌博上。坐船在波罗的海上游玩确实非常吸引人，不过你需要投一些钱进去。你的钱包肯定会越来越空，因为你在这里无法得到很多战利品，而且就算得到了，也很有可能被条顿骑士团拿走。

大游历

如果你真的非常想旅游，那么十字军运动可以给你提供很多机会。1392—1393年，亨利·博林布鲁克进行了他的第二次远征，他的经历将告诉你如何把十字军运动和朝圣活动结合起来：

- ♰ 从格但斯克出发，前往柯尼斯堡，再返回。
- ♰ 接着向南前进，到达奥得河畔的法兰克福。
- ♰ 前往波西米亚，游览布拉格，参观卡尔斯坦城堡。
- ♰ 前往维也纳，再去克拉根福。
- ♰ 穿过阿尔卑斯山——没你想象中的那么难。
- ♰ 下一站是威尼斯。你可以在威尼斯城里玩，也可以去附近的利多休闲。
- ♰ 从威尼斯乘船去圣地，到耶路撒冷朝圣。
- ♰ 返程时可以顺路访问塞浦路斯、罗得岛和希腊本土，最后回到意大利。

亨利这一路花了一年时间。只要你资金充足，你将一路获得非常不错的体验。你甚至可以像亨利一样，带回一只豹子和一只鹦鹉，留作纪念。尽管你会到达遥远的国度，但可别高兴过头了。有些偏远地方的人没有脑袋，脸长在胸口上；还有人长着狗脑袋；还有些地方的人只有一条腿，腿上有一个巨大的脚，他们拿脚来遮挡太阳光。你肯定不会想见到这几种人。

征伐基督徒

如果想参与十字军运动，你还有另一种选择。如果你听说十字军还可以讨伐其他基督徒，你可能感到非常惊讶。在1378年就有一道双选题，身处罗马的乌尔班六世认为自己是正牌教宗，他身处阿维尼翁的竞争对手克雷芒七世也说自己是正牌教宗。因为诺里奇主教曾在意大利参战，于是他在1383年前往佛兰德斯进行十字军运动，企图攻击支持克雷芒七世的人，最后没能取得像样的成就。这两个教宗都承诺，谁愿意为自己而战，就授予他十字军的特权。1385年的阿尔茹巴罗塔战役中，卡斯蒂利亚王国支持克雷芒七世，葡萄牙及其盟友英格兰支持乌尔班六世。

你真的必须去吗？

参加十字军运动对骑士而言并不是非去不可的义务活动。约翰·霍克伍德就从未参加过。不仅如此，若弗鲁瓦·德·沙尔尼也不推荐你去参加十字军运动，这可能是因为他自己参加时获得了不愉快的经历。不过，参加十字军远征有助于提高你的名誉，可能让你得到救赎。不好说最推荐你去哪里，不过前面提过，你最好别去跟土耳其人和马穆鲁克交战，也别去立陶宛——因为那里的 110 种咬人的蚊虫已经够烦人了，更何况还有讨厌的马蝇。此外，去低地国家征讨基督徒实在是太没有挑战性，你最好换个地方。说到最后，最佳选择可能是西班牙，当然决定权还是归你自己。

— 10 —

雇佣兵

如果你们不信守承诺，不按照协议给我们支付所承诺的报酬，那么抱歉，我们不会履行我们与你们城镇的协议。

——约翰·索恩伯里致锡耶纳市民，1375 年

* * *

无论你是哪一种骑士，你都会想获得一定的酬劳，这也是人之常情。可是雇佣兵不只是一个赚钱的差事。如果你乐意受雇于某个雇主，从他那里拿钱，而别人给够钱时又肯换边站队，那你就是一个真正的雇佣兵了，大把的好机会在等着你。职业军人可以把雇佣兵当成自己的职业，但你要小心，不要让自己的名声变得太臭。如果你来自德意志地区，尤其是施瓦本或莱茵兰，那么去意大利当雇佣兵就是一件特别有吸引力的事。

你或许会觉得，专业人士可能认为做雇佣兵有违骑士精神，若弗鲁瓦·德·沙尔尼却支持雇佣兵职业，他讨论了那些离开家乡前往意大利的骑士，认为他们应该获得无数的赞美：

他们可以以此开阔视野，获得许多有关于战争的知识，因为他们可以在各种地方亲身参与各种事情，可以完成许多功绩。

若弗鲁瓦还提醒说，如果你真的从事了这个职业，那最好别只想着赚快钱，别做一段时间就放弃。他还说，即使你的身体支撑不住，你的心和意志也要激励你继续走下去。

出　身

如果你并非出身于社会上层，那么加入雇佣兵职业就非常有诱惑力。如果你渴望在世上干出一番事业，也可以承担一定风险，成为雇佣兵也是一条出路。英格兰出身的雇佣兵首领大多没有贵族或者骑士的背景。约翰·霍克伍德出生于英格兰埃塞克斯的一个小村庄，是一个小地主的次子。一些加斯科涅雇佣兵出身于小贵族家庭，许多德意志雇佣兵也是如此。乌尔斯林根的维尔纳算是例外，他出身名门，是乌尔斯林根公爵康拉德六世的二儿子，拥有斯波莱托公爵的爵位。一些德意志雇佣兵僭称了一些不该归他们所有的头衔，其中有不少在战役中受封为骑士。你不用担心当雇佣兵会降低你的地位，因为在实际中地位提高了的人甚至更多一些。

约翰·霍克伍德是前往意大利参战的英格兰雇佣兵之中最成功的人。他曾为佛罗伦萨效力，后来他被画到佛罗伦萨主教座堂里面壮丽的湿壁画上，为后人所铭记。

机　遇

　　如果你当了雇佣兵，那么意大利的赚钱机会最多。意大利北部各城市间矛盾不断，战争频发，而且这些城市非常富有，可以从德意志、英格兰等地方请来最优秀的士兵来为它们打仗。就算战争结束也不用担心，因为总有那么几个城市在打仗，总会有城市愿意雇用你。比如，佛罗伦萨常年与锡耶纳敌对，米兰有数不清的敌人。

雇佣兵军团

　　若想变得更成功，你需要加入某个雇佣兵军团，最好是成为军团的领袖。第一个雇佣兵军团出现在 14 世纪，称为"佛罗伦萨的罗杰的加泰罗尼亚大军团"，组建于 1302 年，创立者是一些曾在西西里岛打仗的阿拉贡老兵。这个雇佣兵军团最开始主要为拜占庭帝国效力，不久后开始独立经营，把希腊搅得一片混乱，还攻占了雅典。它为以后的雇佣兵军团留下了一个爱搞破坏的例子。

德意志人

下面谈一谈德意志雇佣兵。德意志皇帝亨利七世在 1313 年死于意大利之后，他的军队也随之瓦解了，他属下的骑士也有许多留在意大利碰运气。1327 年，路德维希四世前往罗马时带了更多的骑士随行，由于路德维希无法支付报酬，其中许多骑士无法跟随他返回德意志。意大利的第一个大型雇佣兵军团是圣乔治军团，由乌尔斯林根的维尔纳创立于 1339 年。圣乔治军团在米兰附近的白雪皑皑的战场上被米兰军队打败。但是维尔纳在 1342 年新组建了一个"大军团"。大军团在意大利北部一路蹂躏，后来返回德意志，返回时赚了不少钱。维尔纳在 1347 年返回意大利，一直待到1351 年。他经常穿黑色的盔甲，盔甲上刻着他的格言"怜悯与仁慈乃上帝之敌"。

维尔纳创立的大兵团在他之后有很多任领导者，首先是来自普罗旺斯的蒙特利尔·德·阿尔巴诺，他也被称为弗拉·莫里阿勒。再下一任是德意志人，即兰道的康拉德。到 14 世纪中期，至少有 3500 名德意志雇佣兵待在意大利。很多德意志雇佣兵去意大利只是为了参加一个季度的战争，参加了 3 个季度以上战役的德意志雇佣兵则少之又少。但是也有例外，比如：

‡ 哈内克·邦加德就在意大利待了 25 年之久。
‡ 艾歇尔贝尔格的康拉德伯爵在意大利待了 15 年。

施瓦本人和莱茵兰人通常去米兰和托斯卡纳找差事，而巴伐利亚人和法兰克尼亚人更喜欢去威尼斯。

英格兰人和加斯科涅人

1360 年和约签订之后，英格兰与法国之间的战争暂时告一段落，于是大量军人失业了。为了解决这个问题，成立了一些自由的军团，称为"饶提尔"（routier）。在这些新创立的军团中，领导者大多是英格兰人或者加斯科涅人。1360 年，当时规模极大的大兵团在罗讷河流域攻占了蓬圣埃斯普里，将其作为发动劫掠的基地。1362 年，一个饶提尔在布里涅战胜了一支法国王家军队。"白色军团"是当时最著名的军团之一，从之前的大军团发展而来，它最初的领导者是德意志人艾伯特·施特尔茨。后来艾伯特的领导地位被朱什的休·莫蒂默取代，莫蒂默是英格兰国王的亲戚。白色军团是一个管理有序的组织，由 12 名队长负责管理。白色军团后来受蒙费拉侯爵的邀请前往意大利，在 1363 年击败兰道的康拉德的军队。

这是一个人们不断变换盟友的世界。随着军团不断地瓦解、重组，你会发现自己身处政治博弈的漩涡里。

- 施特尔茨和他的同胞哈内克·邦加德离开白色军团，于 1364 年共同创立了星辰军团。

- 1365 年，星辰军团战胜并摧毁了白色军团，很多白色军团的前成员加入了约翰·霍克伍德的圣乔治军团。

- 14 世纪 70 年代初，在霍克伍德的带领下，许多在意大利的英格兰骑士聚集到一起，组建了一个新的军团。据说他们在意大利乡村一路扫荡了 16 千米。

雇佣兵军团还会带来一个严重的问题。如果军团里的雇佣兵没有被城市雇佣，或者正在休战期内，他们就会自由活动，到处敲诈勒索，让当地人民感到战栗。如今，待在意大利的外国雇佣兵已经减少了，14 世纪这个雇佣兵军团的黄金时代也已过去。尽管如此，你还是有很多机会的，因为意大利的大城市时常需要雇用有经验的雇佣兵。

意大利人

如果你想在意大利成为成功的雇佣兵，不一定要像霍克伍德那样是个外国人——尽管这可能有益处。尽管外国骑士依然拥有不少机会，但是近来意大利人在雇佣兵军团中的领导地位非常突出，其中最著名的就是在1409年去世的阿尔贝里戈·达·巴尔比亚诺。下面是几位以前非常重要的意大利雇佣兵：

✝ 圭多里奇奥·达·佛格利亚诺，他出身雷焦-艾米利亚的一个贵族家庭。1327—1334年，他率领锡耶纳的军队为统治维罗纳的德拉·斯卡拉家族效力，一度与乌尔斯林根的维尔纳的军队合作。他被画在锡耶纳城内的一幅壁画上，因此闻名于后世。

此图由西莫内·马蒂尼所作，描绘了1328年意大利雇佣兵圭多里奇奥·达·佛格利亚诺率领锡耶纳军队时的样子。图中他的马走路时同侧的两条腿同时迈步。

⁜ 安博吉奥·维斯孔蒂是另一个著名的意大利雇佣兵。他是米兰的贝尔纳博·维斯孔蒂的私生子，无法从父亲那里继承任何可观的财产，于是通过战争来赚取财富。1365 年，他创立了一个新的雇佣兵军团，叫作圣乔治军团，与约翰·霍克伍德并肩作战。

组　织

加入一个雇佣兵军团之前，你应该先观察它的组织怎么样。一个标准的军团应该包含以下部分：

- 一个总帅。

- 一个秘书。秘书通常是意大利人，主要负责法律事务，比如签订协议和起草文件。

- 一个财务官，负责管理财务。

- 高级军官，负责指挥有 15—20 名人员的旗队。

- 破坏兵，负责毁坏村镇。

- 几名妇女，负责洗衣、用手磨碾磨谷子、做饭等杂务。

战　术

英格兰雇佣兵使用的策略非常值得你去学习。他们把新的战斗技术带到了意大利。德意志人使用名叫"巴布塔"的基本作战单位，它通常由一个骑士和一个侍童组成，侍童作后援。而英格兰雇佣兵将一种长枪队引入意大利，一支长枪队由骑士、侍从和侍童各一名组成，到 14 世纪末成为标准作战单位。著名的英格兰白色军团徒步作战，每两人握持一根长枪，谨慎地小步前进，同时弓箭手在后方为这个坚固的队形提供支持。长途行军的能力与作战战术同样重要。行军通常在晚上进行。英格兰军队可以用云梯出其不意地攻击城镇和堡垒，宛如神兵天降。在霍克伍德的指挥下，他们的各项活动计划周密，进行得井然有序，这当然也建立在可靠情报的基础上。你可以把他当成学习战斗的榜样。

一群下马作战的重骑兵等待开战。

你可以从1387年卡斯塔尼亚罗战役的战例中学习如何战斗。当时霍克伍德为帕多瓦效力，他麾下的小型军队遭到一支人数远超己方的维罗纳军队攻击。他修建了一个坚固的据点，四周有沟渠和沼泽保护。他小心地填平了一些位置重要的沟渠，让己方军队能到达维罗纳军队处。接着，大部分士兵下马，分成3列。弓箭手在后方支援，骑兵殿后。霍克伍德使用翼侧包抄的战术，正面接触维罗纳军队的同时用骑兵攻击敌人后方。英格兰军队在法国打仗的时候也使用了相似的战术，尤其是在普瓦捷战役中。

语言障碍

如果你想成为成功的雇佣兵，那么你需要掌握一定的语言技能，耍剑不能解决所有问题。艾伯特·施特尔茨是德意志人，却能说流利的英语。相比之下，兰道的康拉德就遇到了语言问题。他在 1363 年战败的部分原因就是他无法与自己军团里的匈牙利士兵正常交流。当时他对他们大叫"停！停！"，可是他们并没有停下来。如果你懂一些法语，那么学意大利语可能会更容易，而德意志人觉得学习意大利语很难。理想情况下你应该懂拉丁语。虽然霍克伍德不懂拉丁语，但是他手下有文书和秘书，所以他能处理好各种事务。

协　商

一个成功的雇佣兵需要掌握很多技能，光会打仗是不够的。你需要和雇主协商。要知道，意大利人是全世界最厉害的商人，所以协商不会那么容易。或许在工资上达成一致意见会比较容易，但是谈到额外费用时情况就不一样了。比较好的一个策略是，要求雇主为不存在的士兵，即"死骑枪"（dead lances）付酬。你的军队最多可以包括 10% 的这种"幽灵士兵"。或许要求雇主为所有损失的马匹一次性付钱也是一个好方法，因为你不用去证明马匹真的战死了。除了这些费用，如果哪个城市真的非常想要你效劳的话，你通常还可以从它们那收取一点贿赂。然而，你需要时刻留意你的雇主，因为意大利人有一个讨厌的惯例，那就是从你的酬劳中收税。交完税后，你的酬劳就没有那么多了。

骑士精神

在雇佣兵秉持的态度中，你似乎找不到一丁点骑士精神的影子。德意志人兰道的康拉德就直白地说道：

> 洗劫、抢夺、杀戮都是我们常做的事。我们的收入来自我们入侵的地方：他们爱惜性命，肯用非常高的价格从我们这里换取和平与安宁。

不过，在骑士精神的信条中其实也有很多矛盾之处，也就是说可以方便地给下列明显不可接受的行为开脱：

‡ 洗劫农村地区。
‡ 征收保护费。
‡ 夺取食物，赶走动物。
‡ 成功夺取村镇之后屠杀当地居民。

在今天看来，上述行为似乎都是兵家常事，也得到了战争法的批准。这些行为不一定完全与骑士精神相悖，毕竟骑士精神是灵活变通的。比起黑太子的行径，霍克伍德这种雇佣兵的所作所为不会在道德上差很多。要知道，黑太子的军队应该为 1370 年屠杀利摩日居民而负责。霍克伍德的士兵参与了 1377 年发生在切塞

Adagalus dont ie comp
te le cas fut homme igno
ble ne et extraic du pay

▲ 火在战争中是非常重要的武器，因为军队在战争中经常要对村庄进行劫掠和破坏。图中左边一些普通士兵在用火把点燃房屋，而骑士正望着另一个方向。

▼ 掠夺活动在战争中总是不可避免的。此图出自傅华萨《编年史》手抄本，图中一群士兵抢劫了一座不幸的城镇，正跟跟跄跄地带着战利品离开。

► 1390年，波旁公率领十字军战士围攻赫迪耶的场景。最后市未被攻破，因为进方食物短缺，军中疾肆虐。图中进攻方正用三台大炮轰击城市。

贝特朗·杜·盖克兰是英法战争中最成功的法军指挥官之一，此图展示了 1380 年东新堡围城战中他在帐篷里临终时的场景。在画面的前景位置，有一个装着轮子的型射石炮。弓箭手正在向守军射击。

◀ 图中的城镇由一座木制堡垒保护，弓箭手和弩手正在堡垒中射杀攻击者。进攻方有一台射击石弹的射石炮，炮旁边就放着石头做的炮弹。他们朝守军射箭的同时，还试图用一架云梯发动攻击。

▼ 战役中的主要元素是混战，双方士兵展开近身搏斗。这幅图展示了1356年普瓦捷战役中的打斗场景。在这场战役中，英格兰国王爱德华三世之子黑太子俘虏了法国国王约翰二世。当时双方都是步行作战，普通士兵、骑士、骑兵在一起混战。

▲ 这幅极有浪漫色彩的图片出自一本奥尔本斯修道院的编年史，描绘了英军在 1415 年阿金库尔战役中战胜法军的场景。英军的弓箭手在战役中起到了决定性的作用，图中弓箭手穿的衣服上有红色的圣乔治十字。战斗发生在狭窄的战场上，阵亡的士兵堆积如山。

▲ 图中是带领着一群十字军的耶稣。可惜十字军的辉煌时代已经过去，但是对骑士而言十字军运动仍然非常重要。在地中海和波罗的海地区，有很多远征运动等着你去加入。

▶ 德意志骑士乌尔里希·冯·利希滕施泰因写过一本自传，名叫《为女士效忠》。他在书中说，自己扮成维纳斯参加了很多比武大会。在这幅插图中，他骑着一匹装饰华丽的马，他的头盔上装了一个女神形状的羽饰——这大概不会很实用。

纳的屠杀，但是在切塞纳要求获得"鲜血与公正"的人并不是霍克伍德，而是枢机主教日内瓦的罗贝尔。这些恐怖的事件并没有破坏霍克伍德的骑士名誉。

如果你在战斗中展现了英勇气概，在履行你与雇主签订的协议时展现了诚信，对于追随你的人表现出慷慨大度，那么你就完成了骑士的义务。遵守战争法的规定是非常重要的，如果你违背了这些规定，你就不会受到这些规定的保护了。或许霍克伍德的所作所为并不完全满足骑士精神的要求，比如，他从没有参加过十字军运动，他还有好几个私生子。不过，他勇敢、忠诚，是一个出色的军人，所以他作为一个拥有骑士精神的英雄而收获了良好的声誉。

女 人

我们在小酒馆里，喝着烈酒时，有女人围在旁边，看着我们，拉了拉她们光滑脖颈上的头巾，她们灰色的眼睛在笑，闪耀出灿烂的美。本性催促着我们的心，让我们为她们而战。

——《苍鹭的誓言》，14 世纪中期

* * *

女人是骑士文化中非常重要的部分。她们应该是一个可以激励骑士的要素。你参加比武大会和马上比武的时候，她们会在旁边为你加油呐喊。她们的鼓励话语也可以激励你上战场作战。如果你不明白自己在为谁而战，那么请想想你深爱的女人，努力去实现她寄托在你身上的希望。你可以读一读若弗鲁瓦·德·沙尔尼的作品，他会告诉你，对于那些鼓舞骑士和士兵去完成事业的女人，应当爱她、保护她、尊重她。但在现实中，情况要复杂得多。

善还是恶？

如果你听信了一些牧师的话，那你可能会认为女人都是邪恶的生物，她们只追求一件事。早期的基督教神父提供了充分的证据来证明这样的观点，还把女人比作"阴沟上的寺庙"。根据这些传统观念，比起男人，女人是不完美的生物。现在医学上的证据也支持这种观点：

✝ 女人的体液平衡系统不同于男人的。女人更体寒，体内有更多黏液，所以她们善变，不可信赖。

✝ 女人在性欲上比男人更强。

✝ 解剖显示女性的身体非常奇怪，她们的身体里有个到处移动的子宫，子宫给她们的身体带来了很多问题。

✝ 女人也有睾丸，但是比男人的更小，而且隐藏在她们身体的内部。

然而，人们对圣母玛利亚的狂热崇拜让社会对于女性的看法出现了转变，让大家对12世纪发展起来的"宫廷之爱"有了不同的看法。这种爱情之中只有纯粹的情感，不掺杂任何性的因素。

✝ 女人应该受到爱慕、保护和尊敬。

‡ 女人是仁慈的，她们会为了获得宽恕而求情。

‡ 女人是虔诚而贞洁的。

在你读到或听到的各种故事中，你会发现大家对女人看法不一，但是她们的外貌往往被描述得很完美。完美的女人拥有白皙的皮肤、金色的秀发、优雅的鼻子、非常适合亲吻的嘴、完美的身材，甚至指头都美得刚刚好。下面这首情诗，描述了一位住在里布尔河谷的美丽少女：

> 她那双灰色眼睛大大的，
>
> 充满爱意地投向我时，
>
> 她皱着眉头，闪着别样的光。
>
> 夜空中月亮高悬，
>
> 月光也稍逊她几分。

但是，这首诗只是一个精心安排的笑话，因为下面还说，这位少女的脖子特别长，就像天鹅，甚至超过 9 英寸（约 23 厘米）。而且她的手臂足有 1 厄尔长，约等于 1.2 米。所以诗歌传递的信息很明显：别把这些描述当真。

此图出自约 1340 年的《鲁特雷尔圣咏集》，图中一个女仆举着一面镜子，让她的女主人从镜中欣赏自己的金色发辫。女人会在打扮上花很多时间，来让自己尽可能地看起来漂亮。

尊重和保护

骑士的信条明确规定，你必须尊重女人。德·沙尔尼认为，保护好心爱女人的声誉是一件很重要的事。你不应该在众人面前吹嘘你有多爱她，也不应该以其他方式把这份爱公之于众，否则你会让她陷入尴尬的境地，带来不必要的麻烦。布锡考特在宫廷中的时候，他的行为举止礼貌优雅、风度翩翩，没人能从他的表现中猜出他爱哪一位女士。当你非常想亲吻女人的时候，你要记住兰开斯特公爵格罗斯蒙特的亨利的例子。亨利发现，那些地位和他相似的漂亮女人不愿意同他亲吻，于是他殷勤地亲吻了地位更低的女人。

作为一名优秀的骑士，你应该保护女人，防止其受到伤害。你最应该关注那些社会阶级和你一样的女人。布锡考特创建了"绿盾上的白衣女士骑士团"之后，他也只为贵族女性提供保护。所以你在战争中不用管农民中的女性，而是需要照顾贵族女性。下面是一些你应该学习的例子：

‡ 据说在1377年的切塞纳大屠杀中，布锡考特救出了1000名女性。

‡ 1358年法国扎克雷起义期间，起义的法国农民威胁一群正在莫城避难的贵族女性。富瓦伯爵和让·德·格拉伊（又称"比什领主"）一起把农民赶走，并屠杀了他们。

‡ 据说托马斯·霍兰德和同伴在1346年攻占卡昂时拯救了很多女人。不幸的是，他们没能救出三一修道院中的修女。

你可能会理所当然地觉得骑士会善待女性，但是也有骑士对女性不好的例子。1306年，爱德华一世俘虏了罗伯特·布鲁斯的妹妹和巴肯伯爵夫人之后，并没有如预料的那样将她们送去英格兰的女修道院，反而令人造了两个笼子，把她们关在笼子里，放到民众看得见的地方，一个放在罗克斯堡，另一个放在贝里克。虽然笼子里有功能完备的设施，但爱德华一世的这种行为还是让人不齿。奇怪的是居然没有人站出来指责他违背骑士精神。此外，还有一个故事说英格兰国王爱德华三世强奸了索尔兹伯里伯爵夫

一群穿着时髦的骑士和女士。女士都穿着飘逸的长外衣，戴着长长的项链。

人，但你千万别相信这则故事，因为故事里缺少各种关于姓名、时间、地点的细节。爱德华三世其实是一个很有骑士风度的人。

爱的誓言与信物

在阿莫里卡，也就是今天的不列颠，

有一个骑士，他爱着一位女士，

历尽困苦，只为某天为她服务。

付出许多努力，完成许多伟业，

他为她而改变，只为赢得他的女士。

因为她是天底下最美的女人。

——乔叟，《富兰克林寓言》

　　骑士的妻子或者情人经常劝说骑士立下誓言，发誓去战场上完成伟业。你的至爱可能送给你一件信物，比如一个可拆卸的袖子，你可以把它绑在你的头盔或者骑枪上。作为回报，你就需要以她的名义在战场上取得非凡的功绩。威廉·马米恩心爱的女士送给他一件安在头盔上的镀金羽饰，让他去不列颠最危险的地方使它扬名。马米恩在爱情的驱使下按时出发，却在诺勒姆城堡的围城战中身受重伤，险些身亡。

　　女士鼓励骑士的方法有时是值得怀疑的。14世纪初，苏格兰人攻占了道格拉斯城堡之后在守将身上发现了一封信，

这是一块勃艮第的典礼用盾牌，盾牌上描绘了一个骑士对他的女人宣誓的场景。画中的卷轴上写着"你或死亡"，骑士身后的那具骷髅说明了他的结局正是死亡。

此人的女朋友在信中说，只要他能在一年时间里确保城堡不失守，她就同意嫁给他。如果你收到了这种带条件的承诺，你要自己想清楚这位女士是不是认真的。或许她只是想借此摆脱一个烦人的追求者，因此送你入虎口。

爱德华三世在与法国开战前夕，举办了一个盛大的宴会，宴会桌正中央放了一只烤苍鹭。根据《苍鹭的誓言》，所有的出席者都需要发誓在战争中赢得伟业。德比伯爵的漂亮女儿把她的一根手指放在索尔兹伯里伯爵的一只眼睛上方，索尔兹伯里伯爵宣誓说，直到他焚烧了法国乡村，与腓力六世的军队战斗，他才会再次睁开这只眼睛。《苍鹭的誓言》这首诗意在讽刺这种习俗，因为索尔兹伯里伯爵有一只眼睛早就瞎了，所以他要么是闭上那只好眼作战，要么是发了一个毫无意义的誓言。尽管这只是一个讽刺性的故事，但在14世纪30年代末还真有人这么做，许多年轻人为了实现许下的承诺而戴着眼罩去打仗。这种做法很不明智，要是劝他们这样做的女人知道这一点就好了。

你不必去许任何不切实际的誓言或非常危险的誓言。如果你的爱人非要你这么做，那你应该放弃追求她。你可以找到更理智的女人，比如伊丽莎白·德·朱丽耶尔。伊丽莎白是英格兰王后菲莉帕的侄女，也是肯特伯爵的遗孀，十分富有。她当时与尤斯塔斯·德·欧贝尔希库尔相爱。她非常懂得一个骑士到底需要什么，所以给他提供了实际的帮助，还送了爱的信物。尤斯塔斯去香槟参战时，"她送给他几匹骑乘马和战马，还有情书等表达浓厚爱意的信物，这位骑士因此在战场上表现得愈加英勇，最后取得了不凡的战绩，为众人所称道"。

比武大会

在比武大会各个环节中，女人都扮演了非常重要的角色，在此期间，你可以向她们献殷勤，或以最合适的方式调情，度过一段好时光。在游行时，女人通常走在骑士前面。观众席上也满是女人，她们为各自看好的冠军加油助威，也会参加享受宴会和舞会。在1390年伦敦的比武大会上，甚至有为女人颁发的奖项，当时马上比武的邀请函上这样解释：

> 在前述3天，即星期日、星期一和星期二，舞跳得最好或玩得最尽兴的女人或少女，都会由骑士授予一枚金胸针。而那些在跳舞和玩乐中稍次于她们的女性，将获得二等奖，即一枚镶着钻石的金戒指。

在13世纪德意志的马格德堡举办的一次比武大会上，居然有一位女士被当成奖品送了出去，大家不该效仿这种做法。你还要小心，别让比武大会上的兴奋劲驱使女人做出出格的事情。有一则故事就说，在一次英格兰的比武大会上，一群引人注目的年轻女子，大约有四五十个，全都打扮成男人的样子，骑着漂亮的马匹出现。根据编年史家亨利·奈顿的记载，她们"居然用下流的方式，大肆而放荡地展示她们的肉体"。但是观众肯定看得很兴奋。

婚姻：关于两个康斯坦丝的故事

为骑士生涯做计划时，你应该仔细考虑一下婚姻问题。如果选对了妻子，她可以在以后的军事生涯中为你带来很大的帮助。如果娶了富婆，你参战时的开销就不用愁了。但是你一旦娶错了人，那么你可能不得不面对一些会让你分心的烦心事。

休·卡尔维里的经历可以让你引以为戒。1368年，他娶了康斯坦丝。康斯坦丝是一个西西里贵族的女儿，当时是阿拉贡王后的侍女。她出嫁时带来了非常多的嫁妆。如果说她刚开始因为嫁给了一个英法战争中的英雄而高兴，那么她的喜悦不久就蒙上了阴云。他们之间没有孩子，而且康斯坦丝拒绝离开自己在巴伦西亚的庄园去和卡尔维里会合——因为当时她已经成了佩德罗四世之子胡安的情妇。

相比之下，卡尔维里的战友罗伯特·诺利斯的婚姻要成功得多。罗伯特没有想凭借婚姻赚很多钱，也不想讨一个异国的美人。他的妻子也叫康斯坦丝，生于约克郡，虽然不是有钱人，但是她的性格非常有魅力。她在布列塔尼活跃于战争之中，甚至率领部队作战，然后在那里遇见了罗伯特。她婚后也经常陪伴丈夫参加远征，途中把孩子带在身边。以康斯坦丝这种方式参与战争的女人是非常少见的。

你最好从下面的几条择偶标准中找一条照办：

‡ 尽量找一个康斯坦丝·诺利斯这样的妻子，这样她就能最大限度地与你同甘共苦。

别老是玩猎鹰，你应该把更多心思放在情人身上。此图出自14世纪初的《马内斯手抄本》，图中的德意志骑士艾特斯特顿的康拉德正在喂鸟，而他的情人则在尽力吸引他的注意。

女人小知识

1338 年，邓巴伯爵夫人艾格尼丝成功保卫她的城堡长达 19 周。

‡

法国医生亨利·德·曼德维尔建议说，如果年轻女性胸部过大却又不愿意做整形手术，那么可以穿一件带着合适托垫的衬衣，以提供支撑。

‡

英格兰骑士托马斯·穆达克在 1316 年被妻子谋杀了。他的妻子和一个同伙一起把他砍成了两半。

英格兰国王理查二世属下的很多骑士曾被指责说花了太多精力在女人身上，"床上功夫比战场功夫厉害，用舌头比用骑枪更能保护自己"。

‡

1386 年，帕多瓦军队打败了一支维罗纳军队后俘房了 211 个妓女。他们当时恭敬地对待这些妓女，并让她们与帕多瓦的领主一同进餐。

‡ 跟尤斯塔斯·德·欧贝尔希库尔一样，找一个又有钱又爱你的寡妇。

‡ 娶一个能帮你管事的能人。约翰·霍克伍德的意大利妻子多尼娜就是这样的人，她不仅非常有学识，而且善于经商。

麻　烦

正如沙尔尼等人说的那样，对女人的爱确实会激励你在战场上实现伟大的功业。但你有时候需要现实一点，想想这些罗曼蒂克的理想是否有实现的可能性。女人也可能给你带来麻烦。以威廉·戈尔德为例，这个人曾和约翰·霍克伍德一起在意大利服役。戈尔德曾有一个叫珍妮特的法国情人，然而珍妮特没有告诉戈尔德自己是有夫之妇。后来珍妮特卷钱跑了。威廉非常心痛，用戏剧台词般的话写下了自己的感受：

爱能战胜一切事物，甚至能把强大的人压垮，让他们失去耐心，再拿走他们的心，从高塔之巅扔下。它也能引发冲突，从而把他们拖入殊死决斗中。由于珍妮特的缘故，这一切已经降临到了我身上，我的心仍然在向她呼喊。

他把几乎所有精力都放在珍妮特身上，一心想着追回她，无心上战场，更不用说激励自己去英勇杀敌了。后来他终于把珍妮特忘了，没有了牵挂，然后为威尼斯效力，最后被授予了威尼斯公民的身份。

若弗鲁瓦·德·沙尔尼的作品中全都是忠诚的女子，他的这些话你不要全相信。你很可能担心你不在的时候她在做什么，而你的担心可能是正确的。1303年爱德华一世率军在苏格兰打仗的时候，他的骑士威廉·拉蒂默对国王抱怨说自己的妻子被人绑架，而她顺从地走了。国王听了之后非常生气，下令执行了一些符合法律的补救措施。后来拉蒂默得到了批准，他可以去逮捕他的妻子并把她带回来。但是他的妻子当时已经安安稳稳地成了另一个骑士尼古拉斯·梅尼尔的情人。她迟早也离开尼古拉斯，但再也没有回到拉蒂默身边。

傅华萨听过一个故事，发生在两个战友兄弟之间，一个叫路易·兰博，另一个叫利穆赞。兰博有一个情人，他非常爱她。他去参战的时候把他的情人委托给利穆赞照顾。然而，利穆赞做的事情不仅是照顾她那么简单。后来流言传到了兰博耳朵里，于是他把利穆赞扒光衣服，弄到镇上游街，让他承受大众的谴责。再后来兰博被捕，利穆赞嘲讽道："一个女人本就可以服务两个战友兄弟，就像你我。"这不是好榜样，你最好不要学。

布锡考特绝不会允许自己走入歧途，但是如果要求你也像他一样那么有骑士道德，那似乎要求有点高了。可要是你碰上了见不得光的事，你该怎么处理呢？瓦尔特·莫尼有两个私生女，分别叫马卢瓦塞尔和马尔普桑，两人被父亲送到一座女修道院里。萨里伯爵约翰·德·瓦伦讷抛弃了情妇之后，把他和情妇生的两个儿子都送去医院骑士团。相比之下，约翰·霍克伍德就好多了，他照顾了自己的私生子。其中一个叫托马斯，成了一名士兵，并在英法战争中证明了自己的才干。霍克伍德还动用自己与教宗的关系，为另一个私生子约翰在教会找了一份工作。霍克伍德就是非常值得你学习的榜样。

— 12 —

围城战

无论白天我们怎样用炮火攻击外堡、城墙和塔楼，敌人都会在晚上用木材、柴束以及填满泥土、粪便或沙石的木桶把城堡顶部受损的地方重新修复。

——热斯塔·亨里齐·昆蒂，1415 年

* * *

骑士其实不擅长打围城战，因为他们的骑枪和利剑在石墙、土垒面前毫无用武之地。所以，你在围城战里的大部分时间都是在城堡或城镇的附近扎营，等待敌人投降。或者，你可能是守军的一员，需要保卫城墙。围城战在大多数时候都打得缓慢而谨慎，因为双方都想抵消对方的优势。但是也可能出现突击行动，即突袭或突围。下面是一些关于围城战的惯例，从刚开始打围城战讲起，讲到守军投降。

袭　击

　　你或许急于进攻遭到包围的城堡或城镇。但如果你没有合适的装备，最好别急着攻城。1300年，英格兰士兵包围苏格兰的小城堡凯尔勒孚热克城堡，普通士兵急着爬上城墙，却被迅速击退，因为守军在城墙上扔下的石头让他们不得不返回。接着，骑士发动攻击。《凯尔勒孚热克之歌》如此记载当时的事情：

　　　　许多人跑着、跳着，冲去进攻，不给人留下说话的时间。然后各种石块从城墙上滚落，看样子会把士兵的帽子和头盔砸成粉，把目标和盾牌都砸扁。毕竟这场游戏的规则就是杀死敌人或打伤敌人。士兵大叫起来，因为他们发现有什么不对劲。

这伙人真是笨死了，只知道往城堡上面冲，不管自身的安全，也不管自己能不能突破敌人的防御：

> 他们一点也不谨慎，也不理解当时的状况。他们群情振奋，被骄傲与绝望蒙蔽了双眼，所以才冲向护城壕。

盾牌被砸碎了，士兵也伤的伤，累的累。这样的袭击毫无意义。

如果你非要直接攻城不可，你最好使用云梯，或者其他能帮你登上城墙的工具，不过这样做还是有很大风险，所以并不十分推荐。1399 年，布锡考特在君士坦丁堡附近围攻一个城堡时使用了两架云梯，但是云梯都被守军砸烂了。于是布锡考特下令，用两根船上的桅杆再造一架更结实的云梯。云梯做好之后，一名骑士第一个成功爬上城墙，并英勇作战，但最后被敌人缴械了。接着一个侍从成功爬上城墙，后来 10 个还是 12 个人爬上去之后，云梯再次被砸毁了。后来他们的同伴挖地道进入城堡，才把他们救出来。

◀ 凯尔勒孚热克城堡，位于苏格兰西南部，整体呈不常见的三角形。1300 年，它被英格兰国王爱德华一世攻下。

此图出自《马可波罗行纪》的手抄本，展示了人们用云梯攻击城镇的场景。

计　谋

　　你不会想打旷日持久的围城战，因为那会非常无聊，而且处境也不会很好。如此一来，发动突然袭击就是一个非常好的主意。事实证明苏格兰人非常擅长打这种突袭战，他们在 14 世纪早期攻下了一座又一座英格兰人的城堡。有一回，苏格兰士兵藏在一辆装干草的马车里，在马车驶入城门时，他们砍断了城门的绳索，让城门无法关闭。苏格兰士兵从干草堆里蹦出来，英格兰守军猝不及防，城外的苏格兰士兵也涌进城堡。还有一回，苏格兰士兵成功趁夜爬上了城墙，攻取了另一座城堡，当时他们用四肢走路，嘴里学着牛叫，居然完全骗过了（明显蠢到离谱的）守军。

苏格兰人在1314年攻破了爱丁堡，因为一个苏格兰士兵知道爬上城堡所在的岩石基座的方法。此人年轻时是守军的一员，当时为了去城里与自己的女朋友相见而找到了这个方法。到攻城时，苏格兰人先攻击城堡正面，吸引敌人的注意力，同时另一队人马爬上岩石，进入城堡。

不只是苏格兰人擅长用计。贝特朗·杜·盖克兰也使用过相似的战术。杜·盖克兰年轻时与手下扮作伐木工，成功攻取了富热赖城堡。以前有一个叫巴斯科特·德·莫莱翁的加斯科涅士兵，通过和同伴扮成挑水的女人，成功攻取了一座城堡。你可能会想使用计谋算不算违背骑士精神，不过只要你成功了，人们就不会因此而批评你。

挖坑道

你可以找矿工来挖地道，把城墙挖塌，甚至挖地道进城。但是挖坑道很费时间，尤其是在地面特别硬或多岩石的情况下。

1385年，波旁公爵围攻夏朗德河边的韦特伊尔城堡时，和同伴多次讨论最好的攻击方式是用云梯还是用坑道。骑马实地考察后，公爵最后决定挖坑道。城堡的所在地有很多岩石。公爵挖了六周时间后，接到一条国王的命令，国王令他前往佛兰德斯，这可真是给他出了一个大难题。此时放弃围攻是非常不光彩的，而违背国王的命令也有损名誉。他需要加快速度，而国王送来了更多钱，于是公爵用这些钱雇了双倍的挖地道的矿工。坑道挖好之后，公爵亲自进入坑道，城堡的守将蒙特费尔朗见自己的敌人居然是这样一位高等级的人物，大受震撼，立刻宣布投降。双方签署的投降协议中有一条特殊的条款：攻击方需要派许多士兵（其中包括布锡考特）在黑暗的坑道里与守军士兵一对一战斗。战斗完之后，举行了正式的受降仪式。蒙特弗尔朗跪在公爵身前，承诺为公爵效忠。以上是波旁公爵传记里面的说法，但是布锡考特传记声称，当时挖掘导致城墙裂开，布锡考特最先一批越过城墙，以他独有的勇敢气概，用枪和剑同敌人打斗。

守军可以用反坑道的方法予以应对。比如，亨利五世试图挖塌阿夫勒尔的城墙，却两次都被守军挫败，因为守军从里面也挖了坑道，阻断了英军挖的坑道。然而，当攻守双方挖的坑道接上时，作为骑士的你可以趁机试试在地下战斗会是什么感觉——一点都不好受。

轰 击

破坏城堡的最佳方法或许是用攻城机械和大炮去轰击它。但是，你会发现轰击行动不需要你这个骑士去做什么事情。

1300 年，在多次袭击凯尔勒孚热克城堡都失败之后，最后一个叫霍尔姆的罗伯特师傅的机械师取得了突破。他用船运来 4 台大型投石机，在城边组装好。以下是关于这些投石机的花销的一些记载：

> 致达特茅斯的圣乔治号船长西蒙·德·里什，国王的两架送往凯尔勒孚热克的机器的运输费，遭机器损坏的绳索而造成的损失费，将于 7 月 14 日在凯尔勒孚热克支付给他本人。费用总计 6 苏 8 第纳尔。

守军很难抵御大型投石机的轰击。石块不断砸落，把遇到的东西砸碎，造成许多伤亡。守军会在不久后投降。围城战的时间不会超过一周。

布锡考特围攻佩里戈尔伯爵的蒙提尼亚克城堡的战例也向我们展示了轰击在围城战之中的威力。1398 年，布锡考特率领大约 1000 人前往蒙提尼亚克城堡，同行的还有：5 辆长长的四轮马车，装载攻城机械；3 辆马车装载扎营装备；200 匹马，驮运余下的辎重。围城战正式开始前，攻击方先宣读了对佩里戈尔伯爵的传唤

一台轻型投石机准备就绪，准备往城堡里发射石块。将被抛出的石块挂在悬臂中，清晰可见。

书，守军的回应却是一阵弩箭。布锡考特的第一次直接攻击以失败告终，一些士兵抵达城墙下边，却都被砸死了。布锡考特找来木匠等工匠，造了 4 台大型投石机和 3 台轻型投石机。与此同时，几台大炮对准了城堡。轰击大约持续了两个月，伯爵最终投降了，布锡考特接受了投降条件：伯爵的性命和四肢都不会受到伤害，他的部下也可以带着马匹和武器离开城堡。虽然结果非常令人满意，但是这一战耗时太长，在此期间骑士根本没有机会展示自己的武艺。正如这个例子所显示的，真正让敌人投降的是投石机和大炮，而非骑士和士兵。

攻城机械

虽然会有专业的机械师和炮手来操作各种攻城机械，但是你需要知道一些关于操作方法和机械性能的知识。

大型投石机

大型投石机（trebuchet）是最大、最优良的投石机械。它的主要结构是一根拴在架子上的长杆，长杆一边长，一边短。短的那边挂着配重物，长的那边挂着吊兜。配重物非常重（到10吨重都是有可能的），所以需要用绳索和绞盘组成的机械结构将长杆拉下来，为发射做准备。大型投石机可以把重量在200—300磅（约90—136千克）的石块投掷数百米远。如果石头的重量都差不多，它的投掷精度会非常高。

轻型投石器

轻型投石器（couillard）比起大型投石机更小、更轻，有两个配重物，都固定在一根杆上，而且两边的配重物都可以向下摆。它的名字来自一个表示"睾丸"的俚语单词，因为两个配重物很像睾丸。

大型投石机的动力来自它的配重物。配重物一经释放，长端立即向上摆，吊兜里的石头以一个非常高的抛物线向前抛出。

投矛机

投矛机（springald）用绳索扭曲的原理来工作。它有一个结实的支架，支架上搭着矛状武器。另有一根竖起的柄，下端跟支架拴在一起，上端用绳索拉着，用绞盘向后拉动。松动绳索之后，竖柄弹回，将支架上的武器击出。比起进攻，它在防守中用得更多。它的威力非常大，甚至能一发击中四五个人。

攻城车

攻城车（sow）是一种非常结实的棚状建筑，下面有轮子，可以推到城墙下。可以在它下面使用攻城槌，或是由工匠用鹤嘴锄等器具破坏城墙。

攻城塔

攻城塔是一种大型的木制塔楼，也装有轮子，可以按照预定

一座攻城塔接近城墙，放下吊桥，吊桥搭在了城墙上。

的路线推到城墙边，让攻击方登上城墙。英格兰国王爱德华一世在 1301 年攻占博思韦尔城堡时就用到了攻城塔。

大　炮

大炮是攻城方使用的兵器中最现代的一种。至少从上世纪初期开始，人们就已经在用火药制造爆炸了。大炮在 14 世纪 20 年代已经为人们所知。花了很长时间才改进出足以击破城墙

人们试图用攻城槌击破坚固的城墙。

攻城车被推到城墙下，士兵便可以用鹤嘴锄破坏城墙。守军放下用圆木制成的挡板，以为城墙提供保护。

虽然大炮装填很慢，但是在攻城战中很有作用。火药的主要成分是硝石、硫黄和木炭，火药产生的发射力甚至比那些最大的投石机还要强得多，而这足以砸毁城墙。

的重型火炮，而关于大炮至今还有很多问题需要去处理。比如，装填炮弹非常费时，一天发射12发都算快的。大炮在一些围城战中发挥了巨大的作用，却顶多是给大型投石机做辅助而已。你需要当心大炮爆炸，所以最好离它们远远的。

封　锁

另一种攻取城镇或城堡的方法就是封锁它，阻断守军的食物来源。如果可以的话，你最好避免使用这种方法，因为封锁经常要消耗很长时间，常常攻守双方都要遭罪。

✠ 1316年，贝里克城中的英格兰守军缺少食物，甚至沦落到食用自己的马匹的地步（要知道英格兰人非常厌恶吃马肉）。当时骑士和重骑兵能吃到马肉，而步兵只能啃马骨头。

✠ 阿拉贡国王在 1323 年开始围攻撒丁岛上的伊格莱西亚斯，一直打了 7 个月之久，当时攻守双方的军队里都暴发了瘟疫，城镇里的居民只能吃老鼠和草。到 1324 年伊格莱西亚斯最终投降的时候，城内只剩下一天的食物可以吃了。

✠ 1373 年布雷斯特围城战期间，连绵不断的降雨带来了巨大的问题。当时进攻方法国军队没有东西可吃，而困在城内的英格兰人只能吃自己的马匹。最后英军的船队赶来救援，

攻城机械小知识

教堂的屋顶通常是用铅做的，所以非常适合拿来做投石机的配重物。

✠

1304 年斯特灵围城战期间，托马斯·格雷被投矛机打到眼睛下方，但是伤口后来痊愈了。

✠

曾经有一个巫师对安茹公爵说自己能够用魔法凭空变出一座桥，让公爵用桥攻占那不勒斯湾的蛋堡。公爵不但不信，还砍了他的头。

大型投石机的工作效率是每小时发射三四块石头。

✠

1344 年，在法国地中海沿岸的科利乌尔，守军架起了一台投石机，由于操作者算错了配重物的重量，于是石块几乎被垂直抛到空中，再垂直落下，砸烂了这台投石机。

✠

大型投石机的配重物甚至可以达到 10 吨。

攻城行动宣告失败。

✝ 亨利五世围攻阿夫勒尔的行动说明封锁期间可能出现很多问题。当时痢疾袭击了他的军队，诺里奇主教和萨福克伯爵因痢疾而死，军中死于痢疾的人甚至比死于战斗的人还多。

谈　判

打围城战往往要消耗很多金钱和时间，所以你需要做的就是通过谈判来使敌人投降。如果你能给城镇或城堡的守军提供让他们满意的条件，让他们有尊严地投降或离开，那当然是最好的。如果你坚决要求守军无条件投降，放下所有财富离开，那就很难劝降守军了。

或许你可以花钱买通守军，让他们离开。1375 年，在诺曼底，圣索沃尔城堡的英格兰守军投降了，但收到了 53000 法郎作为补偿。但是问题也会随之而来：接受这样一笔钱可能被视为非常不光彩的行为，圣索沃尔城堡的投降之举在 1376 年成了一些人在议会中控告威廉·拉蒂默的罪名之一。如果可以的话，你最好能保全双方的尊严。

有一种非常常见的协定：如果在一定时间内没有援军到达，则守军同意投降。班诺克本战役就是这样的协议带来的结果。

1314 年，斯特灵城堡的英格兰守军承诺，如果到仲夏他们还未得到救援，他们则同意投降。英格兰及时派出了援军，但是援军在快要到达城堡时被苏格兰军队拦住了去路，并被击败。斯特灵城堡最终投降了。1324 年在撒丁岛的伊格莱西亚斯，交战双方签了一个协议，规定如果援军到 2 月 13 日还没有出现，守军就投降。但实际上守军等得很绝望，于是提前一周投降了。

洗　劫

　　如果无法通过谈判的方式让遭到围攻的城镇或城堡投降，那么根据战争法的规定，守军有权在城破后洗劫它。洗劫活动有时会变得非常野蛮残忍。1370 年黑太子率军洗劫利摩日就是一个臭名昭著的例子。当时英格兰军队用挖坑道的方法破坏了城墙，然后涌入利摩日，烧杀抢掠，无恶不作。傅华萨对发生的事情感触颇深：

> 利摩日城中的每一天都没有这一天那样让人心里感到沉重。只要人心里有一点点宗教信仰，都会为当天亲眼所见的不幸事件而深感悲痛。共有 3000 名男女老幼在当日身亡。

但是，根据法律，这些居民确实是背叛了黑太子，而且利摩日是被武力攻下的，因此英格兰士兵完全有权这样做，尽管他们的行为极其恶劣。

防　御

千万不要以为围城战总是以进攻方胜利而告终。围攻大城市时更加容易失败。比如在英法战争中，英格兰人在 1340 年攻击图尔奈未果，在 1359—1360 年攻击兰斯也未成功。他们在 1346—1347 年攻取加来是唯一成功的一次。

你甚至可能是防守方的成员，要在敌人面前守卫一座城堡。守军可以使用的策略其实与攻击方的差不多。

✠ 你可以发动突袭，攻击敌军。

✠ 如果进攻方在挖坑道，那么你也可以小心地挖坑道来反击他们。

✠ 如果敌方用投石机扔石块，那么你可以用投石机反击。

✠ 投矛机和弩能被用来精准高效地射杀敌人。

✠ 你甚至能像钓鱼那样把敌人钩上来，这听起来不可思议，但确实有用。比如，1304 年斯特灵围城战中，亨利·德·博蒙就是这样被敌人钩住，差一点就被敌人拖进城堡。

被别人围攻虽然不会是什么愉快的经历，但是你可以通过要求跟攻击方的某人单打独斗来找点乐趣。这样做也能提高你的名望。如果你的城镇或城堡遭到包围，你需要坚守一段时间。这样一来，就算你接下来投降了，别人也不该指责你不忠诚或缺乏骑士精神。你千万不要誓死坚守到最后一刻，因为最后可能饿死或在城破后遭到屠杀——这些都是不值得的。

— 13 —

交 战

跟着旗帜，前进！前进！上帝保佑着我们，我们每一个人都英勇无畏地前进吧！

——兰开斯特公爵，根据约翰·钱多斯的传令官的转述，1376 年

* * *

你作为一个勇猛的骑士，自然会想上战场搏杀。若弗鲁瓦·德·沙尔尼也认为上战场交战是骑士最荣耀的时刻。不过你还是要考虑一下危险性。在你满怀骑士的荣耀感，骑马冲入战场，渴望一展身手之前，可别忘了1396年尼科波利斯战役之后的悲惨情景。当时布锡考特被敌人俘虏，仅穿内衣裤站在奥斯曼苏丹面前，等待与其他基督徒士兵一起被处决。你最好避免落得他那样的下场。

你应该参与交战吗？

对于很多大型的战役，你最好不要参与进去。虽然布锡考特曾3次参加大型战役，但是如果你足够理智，你就会发现战役中的风险往往大于潜在的回报。1339年在比朗福斯，英军及其盟友与法军僵持了一整天，却未能开战。可能当时双方觉得彼此势均力敌，所以不值得冒险一战。然而也有人认为，只有通过战斗，

此图出自傅华萨《编年史》手抄本，描绘了1356年普瓦捷战役的场景。在这幅典型的战役场景中，左边是获胜的英军，英格兰弓箭手正在攻击法国骑兵。

才能结束战争。如果你认为战斗是一种上帝面前的审判，那么你可能会想通过开战来证明己方是正义的一方。你也会发现一些指挥官急于率军开战。

✝ 爱德华三世用野蛮的洗劫行动破坏法国乡村，这个策略的目的是迫使不愿交战的腓力六世出来应战。最终，1346年英军在克雷西战胜了法军。

✝ 1396年，身处尼科波利斯的十字军战士很想开战，他们认为自己担负着一项对抗土耳其人的神圣使命。

✝ 1415年，好斗的亨利五世在夺取阿夫勒尔后还不满足，继续北上，想与法国人交战，后来双方果真在阿金库尔交战了。

提前计划

提前规划好战斗策略是一个好主意。如果你是一个很优秀的骑士，你也有机会参与战术的制定。在不久前的1415年阿金库尔战役开始之前，布锡考特为对抗英格兰军队而拟订了计划。他安排了两支大军和一支前锋部队，它们可以合为一个整体。他在侧翼步兵的前方安排了一些弓箭手。此外，还有1000名重骑兵组成的预备队，用于攻击英军的弓箭手。另有一支人数更少的预备队，只有 200 人，用于从右侧迂回包抄，攻击英军后方的辎重。为了应对，英军挑选了一个地势狭长的战场。而且英军弓箭手用木桩布防，法军因此无法奈何他们。

如果你能像布锡考特那样拟订一个扎实的作战计划，那就很不错了。尽管法军在阿金库尔战败了，但是提前拟订计划还是一个很值得推荐的做法。很明显，无论是在克雷西还是普瓦捷，英格兰人都提前准备了作战计划。十字军部队在尼科波利斯战役中一片混乱，要是他们提前做了计划的话，也没有执行好计划。

合适的战场地形

一定要确保战场地形对己方有利。

‡ 班诺克本战役时，马匹在泥泞的战场上难以跑动。

‡ 克雷西战役时，英军阵地前方有一个约 1.8 米高的小型悬崖，因此法军难以爬上去攻击英军，后撤也比较困难，所以被大量射死。

‡ 普瓦捷战役中，石墙和石垒给英军提供了较好的防护，给法军则带来了一些麻烦。

如果战场地形确实不太好，你可以自己加以改造。比如，防御方可以在战阵前方挖一些小坑，用来绊倒敌人的马匹。1307年劳登山战役中，罗伯特·布鲁斯在战场上挖了一些沟，从而巧妙地把战场变窄了。在卡斯塔尼亚罗战役中，约翰·霍克伍德提前给骑兵准备了路线，进行了具有决定性意义的侧翼攻击。

1346年克雷西战役中，英军在山坡上列阵，坡上还有一个风车。英军还在弓箭手前方挖了很多坑，这能帮助他们防御法国骑兵。地形对法军非常不利。

士　气

上战场作战时你的情绪要恰当，所以你需要在开战前给军士们讲一些打气的话。按照传统，指挥官会让大家集合，向大家发表讲话，以提升战斗热情。但是在露天环境中，人声和马叫声到处都是，还有准备武器装备的声音，恐怕在场的人难以听清指挥官说了什么。据说在1356年普瓦捷战役开战前，黑太子发表了两次演讲，一次讲给骑士和骑兵，另一次讲给弓箭手。他告诉军队他们都是真正的英格兰人的后代：

> 在我的父亲、祖先，以及英格兰的历代国王的领导下，没有克服不了的痛苦，没有攻不下的地方，没有走不过去的土地，没有翻不过的山，没有爬不上去的塔，没有打不赢的仗，没有打不过的敌人。

黑太子口才很好，不过能说会道并非必需的本领。约翰·霍克伍德也能很好地激励麾下部队，但是据说他"更擅长动用实干和勤奋，而非舌头"。

整个军队的士气变化难以预测。阿金库尔战役中，英军从阿夫勒尔赶到这里时已经筋疲力尽了，其中很多人还染上了痢疾。士兵晚上要在露天的环境中冒着大雨睡觉，同时还被下令不得发出任何声响。他们第二天早上状态很糟。不仅如此，法军的数量还远超英军。亨利五世想尽办法来鼓舞士气，但是当士兵听到亨利说自己打算此役战死沙场时，他们不确定己方一定能获胜了。但是亨利的决心非常明显，他作为榜样也拥有鼓舞人心的力量。不知为何，士气转变了，英格兰军队竟然奇迹般相信己方一定会赢，于是绝望的情绪被扭转成一种走向成功的优势。

避免争吵

避免争吵，说起来容易做起来难。有一种对战败的常见解释，那就是开战前出现了过多的争吵。

- 在班诺克本战役开战前，格洛斯特伯爵和赫里福德伯爵就谁去统率前锋部队的问题而爆发了争吵。后来格洛斯特伯爵发动了自杀式冲锋，这是英军战败的原因之一。
- 在克雷西战役开战前，法国军队里就是否应该发动攻击而爆发了争论。如果他们当时没有没头脑地攻击，而是停下来休整军队，那会更好一些。
- 在尼科波利斯战役中，十字军内部意见不合，军队中的勃艮第骑士没能很好地与匈牙利国王西吉斯蒙德的军队合作。

不只是失败方的指挥官会互相争吵。比如，1364 年奥雷战役中，休·卡尔维里不愿意听令指挥后卫部队，因而出现了争吵，不过他所属的英国和布列塔尼联军还是取得了战斗的胜利。尽管如此，如果你就战术问题跟同僚争吵不休，一旦战斗开始，你们将陷于非常不利的境地。你应该从容接受给你的命令，不要质疑。

避免参加安排好的战斗

有时你的敌人会向你发出挑战，要求双方在相同的条件下对战。普瓦捷战役开战前，德·沙尔尼提出双方各出一百兵员战斗，以此决定战役胜负。你应该拒绝所有这样的提议。只要你有一点判断力，你都愿意在己方处于优势的情况下开战。

这样的战斗有一场非常著名，发生于1351年的布列塔尼，被称为"三十人之战"。当时让·德·博马努瓦向一位英格兰军官发出挑战，提出双方各派出3人进行对战。英格兰人拒绝了这条提议，但是提议说双方各派出20或30名士兵，在选定的地点对战。双方制定了相关规则，包括开战指令、休息时间（双方各有一瓶安茹红酒）等事宜。整个战斗持续了很久，而且打得很艰难，最后法国方面获胜。英格兰队长和他的8个同伴被杀，剩下的人遭到监禁。这种事在骑士的观念中是一场充满荣耀的决斗，活下来的人一般会得到优待，但是这不等于说这种战斗是一个好主意。

休·卡尔维里

休·卡尔维里是英国柴郡人，他的战争生涯开始于 14 世纪 40 年代初的布列塔尼，持续了约 40 年。他曾是罗伯特·诺利斯的战友。卡尔维里在 1361 年俘虏了贝特朗·杜·盖克兰，在 1364 年参加了奥雷战役。1366年，他与曾经的对手杜·盖克兰一同在西班牙并肩作战，并在次年与黑太子一起在纳胡拉参战。他后来在英法战争中扮演了非常重要的角色，直到 14 世纪 80 年代初。他参与的最后一次活动是 1383 年诺里奇主教组织的前往佛兰德斯的十字军运动。他在 1394 年去世。

骑马战斗

骑士的传统作战方式当然还是骑马战斗。战斗开始之前，骑士部队看上去非常壮观。为罗伯特·布鲁斯作传的约翰·巴伯尔就记载了 1307 年英格兰骑兵整队，准备冲向苏格兰军队时的景象：

> 他们的钵形盔锃光瓦亮，在阳光下闪闪发光。他们的骑枪、三角旗和盾牌在战场上闪耀。最好看的还数亮色的刺绣旗帜、各种毛色的马匹、各种颜色的罩衣、白如面粉的锁子甲，这一切都在战场上闪烁，让他们宛如一个个来自天国的天使。

当冲锋的骑兵撞上守军的战线，那些眼看战马冲来的士兵会感到惊心动魄。罗伯特·布鲁斯的传记也记载了相关的印象：

> 如果你在现场，你会听见一阵骑枪折断的声音。敌军迅速出击，以凌人的气势飞奔而来，好像把伯爵和他的同伴踩在脚下一样。

下面是一些关于骑马作战的建议：

- 向敌人冲锋时要慢慢起步，尽量和同伴齐头前进。
- 千万不要单枪匹马向前冲锋。只有在非常接近敌人的时候才能用马刺戳马肚子。
- 骑枪只在刚开始打斗时有用。骑枪经常中途折断，没有折断的骑枪也会被主人扔掉。
- 一旦你攻入敌人的战线，就会进入混战。在近身搏斗中最好用的兵器是剑。
- 如果你做得到的话，可以突破敌人战线之后掉头，从敌人背后再次发动冲锋。

你可能会发现，想在混乱的战斗中稳稳坐在马上是一件很难的事。阿拉贡国王佩德罗四世早年在撒丁岛上骑马作战，却在战斗过程中丢了骑枪，从马上掉了下来，但是他继续步行作战。当

骑马作战会让你在高度上占优势，但是你的马匹会非常容易被弓箭手和步兵用长杆武器刺中。

时他被敌人攻击了至少 19 下，但是他一拔出维拉尔德勒宝剑，敌人就开始匆匆撤退。

　　骑马作战有时会非常有用。1328 年法国骑兵在卡塞勒大获全胜。1382 年，法国和勃艮第的骑兵在罗泽贝克战胜了根特的居民。普瓦捷战役中，加斯科涅人卡普塔尔·德·布赫带领骑兵给了法军最后一击。不过如果你选择骑马战斗的方式，还会有其他的重要问题等待你去解决。

骑马作战的失败

　　近来的历史显示，如果你坚持骑马作战，你战败的可能性在变大，这引起了骑士的担忧：

✝ 1302 年科特赖克战役中，佛兰德斯的城镇居民步行作战，战胜了法兰西骑士之花。

✝ 1314 年班诺克本战役中，许多英格兰骑士被苏格兰长枪兵刺死。

✝ 1315 年莫尔加滕战役中，使用长戟的瑞士步兵战胜了骑士部队。

✝ 1339 年，瑞士步兵在劳彭战胜了贵族的骑兵。

✝ 克雷西战役中，英格兰军队奇迹般打败了法国骑兵。虽然弓箭手是胜利的关键，但是英军是凭借步行作战的骑士和骑兵参加混战才赢得胜利。

✝ 1367 年，自称卡斯蒂利亚王国王位继承者的特拉斯塔马拉的亨利率领的骑兵部队在纳胡拉被黑太子击败。

✝ 1385 年阿尔茹巴罗塔战役中，下马作战的英格兰骑士与弓箭手一起，协助葡萄牙军队击败了法国和卡斯蒂利亚王国的联军。

✝ 1386 年森帕赫战役中，瑞士步兵打败了奥地利骑兵。

1396 年尼科波利斯战役最终证明了骑马作战的骑士前途渺茫。当时布锡考特拿出非凡的勇气，手执利剑，身骑战马快速突破了土耳其人的战阵，然后掉头帮助战友。他最后不可避免地被敌人抓住。后来他的传记作者形容胜算时说，当时差不多是 20 个撒拉逊人对 1 个基督徒（信不信由你）。他还认为战败全都是匈牙

出自傅华萨的《编年史》，展示了想象中内维尔十字战役的场景，骑马的骑士位于画面的前景，用骑枪和剑战斗。

利军队的错，不能怪那些战斗中表现英勇的法国骑士。其实骑士在那场战斗中的劣势是不可否认的。土耳其人的弓箭手在苏丹巴耶济德的胜利中有着很大贡献，他们瞄准骑兵的马匹，使勃艮第公爵麾下的一半骑士失去了战斗力。

准备好步行作战

既然骑马战斗这么危险，所以你需要好好想想是不是有骑马作战的必要。对你来说，最有效的策略就是与其他骑士、侍从、重骑兵紧挨在一起，都不骑马，站着迎接敌军。这种技巧由英格兰人创造。

- ⚜ 1327 年，英格兰政府下令，骑士与重骑兵在与苏格兰人对战时不得将马匹带上战场。于是他们下马准备步行作战，苏格兰军队却在此时撤退，不打了。
- ⚜ 1332 年，英格兰的一支小部队在杜普林沼地遇见苏格兰军队，于是步行作战，这个策略起到了非常好的作用。英格兰军队使用了完美的防御阵型，弥补了己方在数量上的劣势，在敌方到达阵前时将他们砍倒。这种战术后来在 1333 年哈利登山战役中再次奏效。
- ⚜ 1346 年克雷西战役中，英格兰军队运用了相似的策略，让骑士和重骑兵下马作战，将弓箭手安排在两翼。

切勿步行行军

虽然我们推荐步行作战，但是你不要长距离步行冲锋——那会非常累。普瓦捷战役中，法军采纳了苏格兰人威廉·道格拉斯的建议，让大部分骑兵都下马步行。但是他们没有采取守势，反而径直向英格兰战线进攻。于是等到他们真正与英格兰人交战时，他们已经精疲力竭，无法以最好的状态投入搏杀。

阿金库尔战役是另一个例子，当时法军走到英格兰军队阵前时已经耗尽了力气。综合以下因素，你肯定不会觉得有趣：要在泥泞的战场上徒步前进，英格兰弓箭手正在朝你射箭，你还穿着重重的盔甲。等到真正开战的时候，或许你还在喘气呢。所以，无论如何都不要徒步行军。下马作战的要旨就是结成坚固的防御阵型，然后等待敌人攻来。

当心弓箭手

英格兰军队屡战屡胜的一个重要原因就是使用了长弓兵。长弓结构简单，但威力惊人。经过专门训练的长弓兵在 1 分钟内可以射出 12 支箭，其有效射程至少有 200 码（约 182 米）。箭矢带着嘶嘶声，像暴雨般朝你落下，那必定是让人战栗的景象。马匹尤其容易受到影响，锋利的箭会让它们发起疯来，伸蹄腾跃，转头逃跑。长弓兵在克雷西战役和普瓦捷战役中都证明了自己的价值。

英格兰弓箭手在更远的距离上能发挥非常重要的作用。阿尔

英格兰长弓通常有 6 英尺（约 1.8 米）以上，只有拥有强健的臂力，长期练习的人才能熟练使用长弓。这幅图来自一份 1340 年的手抄本，图中长弓兵背着箭筒，每个箭筒里有 24 支箭。

茹巴罗塔战役中，英格兰和葡萄牙联军的弓箭手"又快又猛地射击，马匹中箭，纷纷倒下"。1387 年，约翰·霍克伍德麾下的弓箭手对卡斯塔尼亚罗战役的胜利贡献甚大。土耳其弓箭手同样是非常吓人的，尽管他们拉弓时只会拉到胡子那里，不像英格兰人那样拉到耳朵边。他们的弓非常结实，他们的箭矢让人胆寒。

有一些对付弓箭手的方法。1364 年奥雷战役中，英格兰弓箭手就遭到了法国骑士和重骑兵的反击。当时法军装备了优良的盔甲，充分使用了盾牌，他们的阵型使得"连一个苹果都不能从他们之间扔过去，只会砸到头盔或者骑枪"。

如何打混战？

我们很难描述战役进行时究竟在发生什么事情，到处都有马的嘶鸣声、人的叫喊声、武器的碰撞声，噪声让人难以忍受。约翰·巴伯尔在《布鲁斯传》中写道：

> 有许多叮叮当当的声音，如武器敲打在盔甲上的声音；有许多长矛折断的声音；有碰撞推挤的声音；有吼叫声和呻吟声；有士兵的打斗声；有双方的口号声；有造成伤害和受到伤害的声音。这些声音听到就让人害怕。

混战时一定要靠近自己的同伴，孤军奋战是非常危险的。你要时刻关注周围发生的一切，用尽全力去战斗。混战一般不会持续太久，大部分战斗会在几个小时内结束。如果运气好，你还能享受一次中场休息。1346年内维尔十字之战中，战斗双方至少中途休息了一次，来让大家喘喘气儿。

你要小心，别让自己卡在人群中间。当后面的人往前挤，前面的人却动不了时，中间的人将承受很大的压力。这个问题在1332年杜普林沼地战役和1415年阿金库尔战役中最为明显。当时的后果非常可怕。士兵被迫向前线挤，于是爬到同伴的身上，下面的人一个个闷死，死掉的人和垂死的人摞成了堆。一位阿金库尔战役的亲历者描述说：

很多战死者和被压着的人组成了一个人堆，人堆比一个人还要高，我们爬上人堆，用剑、斧头或其他武器去砍杀下面的敌人。

你可能会认为，在战役中参加战斗会是一段非常荣耀的经历，也是一次展示你的骑士技艺的绝佳机会。然而事实并非如此，反而会是一段非常吵闹、非常拥挤，而且非常可怕的经历。编年史家扬·杜卢古兹记载 1410 年坦能堡战役的混战时就说过：

> 长枪折断和盔甲碰撞产生了巨大的哐当声，利剑交锋产生了巨大的当啷声，宛如巨岩崩塌，数里之外的人都能听

1385 年阿尔茹巴罗塔战役的战况非常激烈。图中有的士兵在近身搏斗，还有人在用弓箭或骑枪杀敌。

见。骑士互相打斗，盔甲在挤压下变形，利剑击中脸部。队伍变得紧凑之时，我们难以分辨谁是懦夫、谁是勇士，也难以分辨出谁是迟钝者、谁是果敢者，因为所有人挤在一起，就像一团缠绕的毛线。

一把 14 世纪末的剑

战役小知识

班诺克本战役持续了两天，它是 14 世纪持续时间最长的战役。

✝

克雷西战役中，爱德华三世并没有直接参与战斗，而是靠在一座风车旁观察战况。

✝

穆斯林军队会在开战前用鼓、喇叭、钹和横笛发出巨大噪声。

虽然英格兰军队在普瓦捷战役中获胜，但是英格兰骑士莫里斯·贝克莱被法军俘虏了。

✝

坦能堡战役中，波兰国王担心自己的士兵醉酒后闹事，因此下令销毁从德意志辎重车上发现的酒桶。

这会是人们展现自身英雄气概的绝佳机会。詹姆斯·奥德利曾承诺，在任何牵涉爱德华三世或其子的战役中，他都会冲在最前线。他在 1356 年普瓦捷战役中履行了自己的承诺。傅华萨对此描述说：

他的身体、头和脸都受了重伤，但是只要还有力气，还能呼吸，他都要坚持战斗，向前冲击。最后他倒在血泊中。交战即将结束时，他的 4 个侍从护着他，送他离开战场。他当时已经身负重伤，非常虚弱。

奥德利最后活了下来，并且被黑太子称赞是战斗中最勇敢的骑士。如果你学习奥德利，那会非常危险。

别老是想当英雄

骑士当然要勇敢，却不能勇敢得过了头，成了莽撞。一个人可无法战胜整支军队。

☦ 在班诺克本战役的第一天，拥有"勇敢的心和勇敢的手"的威廉·戴因科特单枪匹马冲入苏格兰步兵的战线。敌人把他打下马，杀了他，甚至没有想过他值多少赎金。

☦ 在班诺克本战役的第二天，年轻的格洛斯特伯爵也单枪匹马冲进了苏格兰军队的战线。他的随从骑士很机灵，没有跟他冲进去。伯爵果然也被杀死了。

☦ 班诺克本战役将要结束时，阿根泰因的贾尔斯不甘心在战败的情况下离开战场，于是进行了一次自杀式冲锋。"我知道我绝对逃不出来，但我宁愿选择在这里死掉，也不愿逃走而苟活。"他保住了名声，却没保住性命。

‡ 1367 年纳胡拉战役中，威廉·费尔顿"跟疯子一样，大胆而勇敢地骑马冲向敌人"。他用骑枪杀了一个西班牙人，又拔剑与另一个西班牙人搏斗。但是很快他的坐骑就被人杀了，自己也丧了命。

这些事迹确实很有骑士风范，却完全不是打仗。

不要低估敌人

1382 年罗泽贝克战役是布锡考特第一次参战，他当时只有 16 岁。他和一个高大的佛兰德斯重骑兵对打，此人将布锡考特手中的战斧打掉，叫道："小孩儿，滚回家喝奶吧。现在我算是知道法国没男人了，毕竟小孩都上战场啦。"布锡考特掉了斧头之后非常沮丧，却突然拔出匕首，刺向敌人的腋窝，并在杀死敌人的时候说："你们国家的小孩都不玩这种游戏吗？"

在实际战斗时，你应该不会看到太多孩子，不过小心为妙。一般在战役的最后阶段，步兵会加入混战，尽力杀敌。步兵表面上看无关紧要，他们没有盔甲保护，也缺乏合适的装备。但是他们可以用匕首或短刀来暗中下黑手。

如果你正在参加十字军运动，你可能会觉得神站在你这边，所以你一定能战胜敌人。这种想法非常危险，尼科波利斯战役已经证明了它的危险性。如果你的对手是土耳其人，他们同样会认为神站在他们那边，他们也会很自信。如果你的对手是立陶宛人，他们会相信有一大群神灵都站在他们那边。

火药武器

你不必担心火药武器的问题，它们在战场上毫无用处，以后也是一样。在克雷西战役中，英格兰人使用了一些炮，这些能发出很大的声音，能产生很多烟，却没什么实际作用。问题之一就是装填炮弹太费时间了。意大利人为了解决这个问题而做了很多努力，还发明了一种武器：把十几门炮装在一辆车上。车上的火炮齐射，威力应该很惊人。1387 年卡斯塔尼亚罗战役中，维罗纳军队试用了这种新型武器，效果却不理想。

忘了你的誓言吧

你可能立下过"要完成光荣伟业"之类的誓言。如果你在战场上还想着这些誓言，那会很危险，詹姆斯·奥德利的经历就能说明这一点。比如说，1352 年发生在布列塔尼的莫龙战役中，星辰骑士团的骑士守誓不逃离战场，结果 89 名骑士战死。波西米亚国王卢森堡的约翰是个盲人，却上了克雷西战役的战场，这很可能就是因为有誓言在约束他。你能找到解除誓言的方法，所以你不必为了某个喝醉之后发下的愚蠢誓言而去冒不必要的险。

战败后会发生什么？

战斗中会有人受伤，会有人丧命，不存在能保全性命的万全办法。尽管缺乏精确的数据，但是参战人员大量死亡是经常发生的事。编年史家让·勒·贝尔说克雷西战役中总共死了 9 个王子、约 12000 个骑士、15000 或 16000 个普通士兵。虽然他的描述很夸张，但是显而易见，当时的死伤状况还是非常可怕的。

如果你发现己方已经陷入溃败，要记得溃败阶段是最容易出现死伤的阶段。河流非常危险，因为河流经常会阻断你的逃跑路线。无法游过河的人都会淹死。约翰·巴伯尔在《布鲁斯传》中描绘了班诺克本战役中的恐怖场景：

> 说实话，他们极为害怕，逃得飞快，很大一部分人都跳入福斯河，其中多数人都淹死了。班诺克本附近的河面上塞满了死人死马，甚至人踩上去都不会弄湿鞋子。

据说 1367 年发生在西班牙的纳胡拉战役之后，许多败军宁愿跳河淹死也不愿死在敌人手里。如果你不想在战败后胡乱逃窜然后淹死，最好的选择就是找到一个敌方的骑士，向他投降。之后你必须给他付赎金，但是一笔赎金比起你的性命而言还是不值一提的。如果这样做你也不愿意，那你可以脱下盔甲，自己躲起来，或许你最后能成功逃命。这时你最不该做的事就是慌乱逃命——那只有死路一条。

— 14 —

赎金与战利品

通过收取人身赎金、出售城镇和城堡、收取田产和房屋的赎金、提供通行证，尤斯塔斯爵士赚取了一大笔财富。

——傅华萨，《编年史》，1358 年

＊ ＊ ＊

或许你在训练的过程中没有学到什么赚钱的方法。虽然骑士精神里包括"慷慨"这一条，却不包括管理财务的能力和精明算计的态度。若弗鲁瓦·德·沙尔尼在他的书里给了一些建议，但是如果你想通过战争来赚钱，你就会发现他的建议其实没什么用。他反而提醒你不要太看重从战争中赢得战利品或赚钱的事，因为它们从长远来看都比不上荣誉。他还建议你不要太注重外观，如果你在这上面花了太多时间、精力和金钱的话，你就会荒废你的军事事业。他的意思就是要你保持收支平衡。对于德·沙尔尼来说，最优秀的骑士应该能承担风险，能承受身体上的磨炼，能完成伟大的功业，却不应要求任何个人荣誉之外的回报。

德·沙尔尼不明白战争也是一桩大生意这个道理。有钱等着你去赚，不过也有风险。获得的收益可能高也可能低，你到头来可能做了亏本买卖。你可以通过收赎金赚到一大笔钱，还能通过向村镇收取保护费来赚取可观的收入。很多钱财都在等着你去赚。如果你够聪明，就可以致富，可能发财的人却不是很多。

赎　金

你可以拿抓到的战俘换取赎金。这种做法有几项很明显的好处。第一，你可以就此赚到不少钱。第二，因为要拿活的俘虏换钱，所以杀死敌人就没有意义了，这种做法让战争稍微变得不那么残酷了。1364年奥雷战役前，英格兰指挥官约翰·钱多斯考虑是否应该用谈判来解决矛盾，而不用交战，但是一群骑士和侍从跑过来恳求他开战。他们说自己很穷，想通过交战来赚钱。

你也要保持小心谨慎，因为有时赎金会难以到位。你最好避免出现这种情况，因为如果你是被抓的，你可能会被杀死；如果你是收钱的，那你就拿不到钱。1302年科特赖克战役之后佛兰德斯人没有拿到赎金，所以当时许多法国军人遭到处死。克雷西战役中，英格兰国王爱德华三世和法国国王菲利普五世都下令说这是一场"彻底的战争"，不许怜悯对手。两位国王都不想让谈判投降或支付赎金的可能性使部下在战斗中分心。到最后，英格兰人在这场重大胜利中只获得了几个能拿来换赎金的俘虏。你要特别

支付赎金的场景。1387 年，布列塔尼战士让·德·博马努瓦把 10 万法郎交给布列塔尼公爵的代表，以赎回法国元帅奥利维耶·德·克利松。

小心瑞士人，因为他们不太看重钱财（到将来肯定也一样），不会把用俘虏换赎金当成一种规矩。1386 年森帕赫战役中，瑞士军队直接杀死了奥地利公爵和他的很多骑士。

抓战俘

你需要小心，别在战斗中把你的对手伤得太严重了，因为死的俘虏无法拿来换钱。14 世纪 60 年代中期，约翰·艾默里被吉夏尔·德·阿尔比贡俘虏了，并身受重伤。吉夏尔尽最大努力来挽救他，把他带到附近的城镇中治疗，但是不幸的艾默里最后还是因流血过多而死，一个赚取赎金的好机会就这么没了。

还有一个问题，那就是你军队里的普通士兵可能会给你捣乱，因为他们非常喜欢屠杀骑士。1359 年，亨利·德·奎尼拉尔特俘虏了尤斯塔斯·德·欧贝尔希库尔，却在保护尤斯塔斯的问题上出现了很大的困难，因为士兵们急于对尤斯塔斯早先的行径复仇，想杀了他。

你抓住某个俘虏之后，你需要保证这个俘虏只是你一个人的。在普瓦捷战役中，达马尔坦伯爵刚开始向一个侍从投降，把

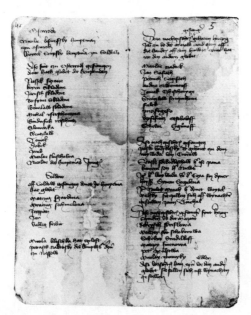

这份名单拟自 1410 年 9 月，记录了在坦能堡战役中被俘虏的条顿骑士的名字。大多数骑士已经阵亡，而那些被俘虏的骑士被索以大额赎金。

自己的钵形盔给了他。接着一
个加斯科涅人气势汹汹地出
现了，于是伯爵把盾牌
当成投降的标志交给
他。接着来了第三
个人，他从伯爵那
里得到了投降的誓
言。最后，这个伯

一个骑士在战役中遭到俘虏，被敌人带走。

爵被判定是索尔兹伯里伯爵的俘虏。

　　有时会发生糟糕的事情。阿金库尔战役中，亨利五世担心法
军会发动反攻，于是下令杀死战俘。他的行为从军事的角度来看
可以理解，但是从金钱的角度来说完全是白白浪费了一个赚取赎
金的好机会。

赎金的数额应该定多少？

你可能听说过几笔数额极高的赎金：

✣ 1356 年，旺多姆的两位伯爵——唐卡维尔和尤在普瓦捷战
　役中被敌人俘虏，后来两人各自交了 3 万弗罗林的赎金。

✣ 根据傅华萨的记载，1362 年洛纳克（图卢兹附近）战役结

束之后，双方商定的赎金总额是 100 万法郎。当时的文件显示傅华萨的记载并未夸张太多。

别老想着这些诱人的数字，而是想想你的俘虏付得起多少钱。

‡ 1366 年，约翰·霍克伍德俘虏了一个锡耶纳指挥官，要求他支付 1 万法郎赎金，到最后却不得不接受 500 法郎的赎金。

‡ 1347 年，夏尔·德·布卢瓦被英格兰人俘虏，英格兰国王爱德华三世索要高达 70 万埃居的巨额赎金，但是他最后只实际收到 5 万埃居。

‡ 1358 年，雷诺·勒·维孔特遭到俘虏后答应为赎身支付两桶葡萄酒，这种实物的交付居然也出了问题——酒被人偷

汇率

货币汇率可以有相当大的波动，但是总体来说，所有的金币，包括 1 法郎、1 金穆通、1 埃居、1 弗罗林、1 杜卡特和 1 多卜拉（卡斯蒂利亚的钱），都约等于 3 先令。银币通常用"镑"来计算，用作记账单位更多。12 便士等于 1 先令，20 先令等于 1 英镑。1 英镑约等于 6—7 法国镑（也叫里弗尔）。所以，1 枚金币大约值 1 里弗尔，6—7 枚金币才等于 1 英镑。

了，于是雷诺没有付成。

记住，如果你抓的俘虏是一个非常重要的人，那就轮不到你来决定要多少赎金了。1346年内维尔十字战役中，库普兰的约翰在一座桥下面发现了苏格兰国王，于是将其俘虏。约翰把俘虏交给英格兰国王亲自处理。后来约翰得到了奖励：每年500英镑，持续终身。这对于总赎金66666英镑来说不过是个小数目，但是对于约翰来说已经很多了。

转卖俘虏

如果你是一个地位一般的骑士，你最好不要长时间控制非常重要的俘虏，也不要以个人之力来与他协商赎金事宜。你应该尽快把俘虏出手。你把俘虏卖给别人之后，或许你得到的钱没有达到俘虏能支付的最高限度，但是你至少能赚一笔钱，同时免去了许多麻烦。

‡ 1337年，沃尔特·莫尼俘获了盖伊·德·里肯伯格，后者同意支付11000英镑赎金。然后莫尼以8000英镑的价格把他转卖给爱德华三世。转卖之后，盖伊同意支持爱德华三世，于是没有付赎金。考虑到这个，莫尼在这件事上还是

做得不错的。

✝ 纳胡拉战役中，贝特朗·杜·盖克兰被威廉·伯兰和托马斯·切恩这两个骑士俘虏了。两人分别以3000英镑的价格将自己收取赎金的权利转卖给黑太子。最后黑太子得到了10万多卜拉金币。这两个骑士可能觉得自己亏了，但是实际上他们没有像黑太子那么高的地位，因此不可能谈拢这么大的交易。

赎金争端

如果你没有把俘虏转卖出去，就很可能遇到许多困难。1367年纳胡拉战役中，两个侍从俘虏了德尼亚伯爵，但是他们没有俘虏杜·盖克兰的那两个骑士那样理智，反而开出15万多卜拉的巨额赎金。伯爵与自己的儿子交流一番之后，发现无法凑出这么多钱。英格兰政府出于外交原因，非常想帮助伯爵赎身，但是两个侍从就是不肯让步，坚持要这些钱。结果两个侍从被关到伦敦塔里，之后他们逃走了，逃到威斯敏斯特教堂避难。不久伦敦塔的守卫追到他们，杀死了其中一人。关于赎金的法律争端拖了很多年都没有得到解决。

如何支付赎金？

再厉害的士兵都可能沦为阶下囚。贝特朗·杜·盖克兰至少被俘虏过两次，可能还不止这两次。布锡考特也当过两次俘虏，一次是在尼科波利斯战役中，一次是在阿金库尔战役中。因此你也有可能沦为俘虏，需要交钱赎身。如果你的地位足够高，那么你可能得到多方的援助。

- 杜·盖克兰在1364年奥雷战役中被约翰·钱多斯俘虏过，后来又在纳胡拉战役中被黑太子的军队俘虏。为他赎身的钱大多由法国国王查理五世、特拉斯塔马拉的亨利和教宗支付。

- 布锡考特在尼科波利斯战役中被土耳其人俘虏之后，双方为俘虏问题开展了复杂的谈判工作。释放所有俘虏的最初价格是100万弗罗林，后来降到20万弗罗林。法国和勃艮第支付了大部分钱款，威尼斯银行家在转移钱币方面起到了很大作用。布锡考特自己出了1万法郎，不过，他至少不需要为自己的赎金付全款。

如果你运气够好，你的部下可能会设法营救你。尤斯塔斯·德·欧贝尔希库尔在1359年被法国人俘虏后被索要2.2万里弗尔的赎金。但是他非常幸运，他麾下的军队为他凑够了这笔钱。

尽管他的妻子很有钱，但是凭借日常收入来凑够这笔巨款依然是不可能的。

支付赎金的方式可以变得异常复杂。比如达马尔坦伯爵在1356年的普瓦捷战役中被俘后，他需要给索尔兹伯里伯爵支付1.2万弗罗林的赎金。这笔赎金或许比不上某些巨额赎金，然而达马尔坦伯爵还是筹不到这么多现金。于是双方商定，先把属于另一个法国贵族罗贝尔·德·法因斯在萨默塞特的一块地产转移到索尔兹伯里伯爵的名下，达马尔坦伯爵再把自己在法国的财产转移给法因斯。后来他们因为这几块土地的价值问题而卷入复杂的诉讼，直到1370年问题才得到解决——那时达马尔坦伯爵都被释放好久了。

保护费

如果你读过若弗鲁瓦·德·沙尔尼写的关于骑士的书，就会知道他谴责一切用非法手段来偷窃、抢劫、夺取战利品和抓捕俘虏的行为。在现实中，尤斯塔斯·德·欧贝尔希库尔这样非常有名的骑士也会为了个人利益而剥削所经过的土地上的一切。就连品德高尚的布锡考特也要求伦巴第的城镇每个月支付1.5万杜卡特以换取和平。

如果你占领了某个国家的部分地区，那你可以趁此机会向当地的农民收保护费，这种保护费也叫"阿帕提斯"（appatis）。你可以告诉那些农民你愿意为那些付了钱的人提供一定的保护，你也可以只拿钱不提供保护。如果他们实在不愿意付，你就囚禁他们，烧了他们的财产，让手下去伤害他们的女人。这样一来，他们就会很快妥协。这些行为听起来很不符合骑士精神，可是你对付农民的时候也不需要有太多顾虑。

你在意大利可以通过敲诈勒索赚大钱。1364年，哈内克·邦加德和艾伯特·施特尔茨共同领导的星辰军团从锡耶纳敲诈了38650弗罗林。11年后，约翰·霍克伍德从锡耶纳敲诈了30500弗罗林。1374年，霍克伍德与一个德意志人同伙写信给锡耶纳当局：

> 如果阁下愿意给我们军团支付一笔钱，就像惯常付钱请兵士那样，我们将停止破坏，并尽力保护你们的领土不受伤害。但如果你们不愿给，那么我们就会放纵军团里的掠夺者，让他们为所欲为。

意大利的白色军团中有专门的破坏兵，破坏兵非常擅长破坏土地和居住点。所以大家一般都会愿意付钱让他们走人。有人计算过，锡耶纳在1342—1399年支付给雇佣兵的钱都足以买下阿维尼翁、蒙彼利埃和卢卡这3个城市了。

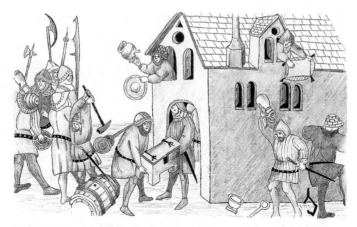

一群士兵洗劫一栋房子。这样的掠夺活动在战争中很常见。分配战利品有一些惯例，指挥官通常能拿到至少三分之一。

战利品

如果你们打了胜仗，就能得到战利品，战利品有时会特别多。当年英格兰人在侵略法国的时候在这方面就做得很好。1346年，英格兰人洗劫了卡昂，据说之后几乎每一个英格兰妇女都拥有从卡昂抢来的华丽服饰。你可以在地窖、仓库和谷仓里找到很多东西，你麾下的士兵更是擅长从各种隐蔽的地方找到宝贝——但愿他们够听话，不会私吞你应得的那份。

下面这则货物单由罗伯特·诺利斯写自1354年，当时他正处于一段蒙受耻辱的时期。你获得的战利品也可能跟这份清单上的一样：

1 个银盆和 1 个银水壶，总重 7 磅（约 3.2 千克）。

2 双新靴子。

4 个银盘。

18 个银碟。

2 张山羊皮。

分享战利品

要记住，你赢得的战利品可不会全都属于你自己。分配战利品时要遵循惯例。按照惯例，你夺得的战利品中有三分之一该给指挥官，甚至一半都有可能。在赎金方面，如果赎金的数额非常大的话，你能拿到的比例甚至更低。下面的条款出自约克公爵和托马斯·戈贝尔加在 1388 年订立的合同：

领主将从托马斯爵士自己夺取的所有战利品中拿走三分之一，从他随从给他的三分之一战利品中也拿走三分之一。如果托马斯爵士或者任何一个他的随从俘获了某个国家的军官之类的人物，或攻占了某个城堡或堡垒，上述领主需要向此人提供合理数目的补偿金，补偿的数额要经双方协商同意。

你不必申报你在战斗中获得的所有战利品，但你在做任何计算时都要记住，你的所得都要交重税。

得与失

"有时我穷得很，连马都没得骑；有时好运来临，我又富得出奇。"1388年，巴斯科特·德·莫莱翁这样对傅华萨说道。当时他们两人在奥尔泰兹的月亮旅店会面。你别把别人说的成功故事太当回事，因为不是每一个人都能成功。没有固定的成功模式，不过如果你能站在胜利者那边，你就更有可能获得成功。你不能只是获取赎金、夺取战利品，还需要明白如何处理你得到的东西。所以，你除了要会打仗，还要懂得做生意的窍门。用得到的钱投资房地产就是好办法，毕竟金银珠宝什么的很容易被你挥霍掉。你应该找银行家建几个银行账户，这在赔钱或付钱时都用得着。

罗伯特·诺利斯就是很好的学习榜样。他在1358年打着旗帜骄傲地宣称自己有价值10万金穆通的财富。他确实从英法战争中赚了很大一笔钱。虽然他作为军官是出了名的大方，但他非常小心地管理着自己的钱财，并用一部分钱在诺福克置办田产。他对贸易和金融很感兴趣，甚至还借给国王一些钱。但是跟他非常要好的休·卡尔维里就做得没他那么好，当初承诺给他的几座西班牙城堡、丰厚的补贴，到头都化为泡影了。

约翰·霍克伍德在 1377 年一个人的收入比整个卢卡城的收入都高，但是到 1393 年又抱怨说自己的收入满足不了家庭的花销。他之前把一部分钱送回英格兰，在埃塞克斯郡买了几处庄园，在伦敦的利德贺市场购置了房产，但是他在意大利赚的大部分财富都花掉了。霍克伍德的经历告诉人们，就算家里有会管钱的妻子，那些能赚大钱的人也能把大钱花光。

布锡考特在这方面是个坏榜样，你千万不要学他。按照传统的眼光，他或许算骑士英雄的楷模，但是他在财务管理上还有很大的进步空间。

- 他领导的十字军运动开销巨大。

- 他在热那亚总督任上没有赚到钱，到最后他的财政状况变得极为困窘，不得不找意大利的银行家借钱，还把自己的珠宝和盔甲或抵押，或直接卖掉。最后，他妻子的头冠、珠宝首饰，甚至一座圣母玛利亚金像都让他给卖掉了。

- 他回到法国后，试图让国王为他补偿一些花销，但是由于他不懂经济方面的东西，拿不出必要的收据和文件来证明自己的花费，因此屡屡受挫。他最后只拿到了实际费用的一半左右。

- 最后一件不幸的事就是，他在阿金库尔战役中被俘虏之后，竟拿不出足够的钱来为自己赎身。

巴斯科特·德·莫莱翁

傅华萨在自己的书中用大段笔墨来描述这个加斯科涅雇佣兵。巴斯科特·德·莫莱翁曾参加普瓦捷战役，去波罗的海地区参加十字军运动，在莫城屠杀起义农民时也参与其中。他后来成为雇佣兵首领，参加了1362年布里涅战役，并在1364年奥雷战役中与休·卡尔维里并肩作战。他与卡尔维里一起去了西班牙，接着回到加斯科涅参战。他的事迹这么多，你或许认为他的事迹都是傅华萨乱编的，不过他还真不是傅华萨编造出来的人物。

风　险

人们很容易认为做骑士能赚很多很多钱。你可能从赎金、战利品和保护费中赚取大量财富，但是风险也是相当大的。你很可能发现自己没有拿到当初承诺的工资，要为被俘虏的自己支付赎金，发现自己在得到土地后需要支付比土地的产出更高的维护费

► 一枚1305年的法国埃居。

► 佛兰德斯伯爵盖伊·德·当皮埃尔的印章。他在1256年被埃诺伯爵俘虏，后来被成功赎回。1296年，他需要给法国国王腓力四世支付赎金来解救自己。1300年他再次被法国俘虏，之后一直被囚禁在法国，并于1304年去世。

战争收益小知识

据说，在 1347 年被英格兰俘虏的拉乌尔·德·唐卡维尔回到法国之后盛赞俘虏他的人，法国国王一气之下将他处死。

✢

锡耶纳城送给约翰·霍克伍德、艾伯特·施特尔茨和哈内克·邦加德的礼物中包括一些糖果。

英格兰大元帅当时有权得到所有猪、没有角的牛、未钉铁蹄的马匹作为战利品。而且，他可以从跟随军队的每个妓女和商人那里每周收取 4 便士。

✢

1365 年十字军攻占亚历山大里亚之后，缴获的战利品足够装满 70 艘船。

用，发现自己至少要把三分之一的收入交给领主。好好想想吧。如果你更想赚钱而不是赢得名声和荣耀，那么参战对你而言就是一项风险很高的活动。

— 15 —

虔诚与纪念

如果骑士在由教会组织的战争中死去，即在打击异教徒的战争中死去，或纯粹为信仰而死，并且他在道德上没有犯下严重的罪行，那么他的灵魂将直接升入天堂。

——奥诺雷·布韦，《战役之树》，1387 年

* * *

你当然不会想死后下地狱。如果你下了地狱，你身上的盔甲将紧紧钉在你身上，无法取下。你还必须洗很多澡，更糟的是洗澡水充满硫黄，恶臭不堪。洗完澡之后，不仅没有喷香的年轻女子来拥抱你，反而会有一群淫荡的癞蛤蟆扑到你身上来践踏你。如果你不想迎接这样的命运，可以看看下面的建议。

宗教捐赠

要求你在整个骑士生涯中在行为和道德上都没有瑕疵实在是

难以做到。你可能做过忏悔，比如，忏悔在战斗中参加过破坏教堂和修道院的活动；你可能已经尽最大努力去听弥撒；你可能得到了教宗的允许，可以拥有一个便携祭台；你可能一有机会就发放救济。但是这些还不够。避免在死后过上痛苦生活的一个好方法就是确保人们会在你死后做很多很多次弥撒。在这方面你可以学习让·德·格拉伊，也就是"比什领主"。他令人在他死后的一年之内讲5万次弥撒。他还给波尔多的方济各会捐赠了1000埃居，最后他的各种各样的宗教捐赠加起来总共有4万埃居左右。

阿拉贡国王斐迪南一世坟墓上的一座涂色雪花石膏雕像，展示了国王的送葬队伍中的几个人。

宗教捐赠的例子有很多。布锡考特曾向图尔的圣马丁礼拜堂捐献，还于1406年在圣凯瑟琳德布瓦出资修建了一所医院。罗伯特·诺利斯在庞蒂弗拉克特出资修建了一所教士学校，之所以选择此地或许是因为那里是他妻子的故乡。他后来还出钱重建罗切斯特桥。沃尔特·莫尼给伦敦卡尔特修道院捐过钱。德雷顿爵士拉尔夫·巴西特给坎威尔修道院捐赠了250英镑，于是这所小修道院能多招5个修士了；他还捐建了4个附属礼拜堂。1364年，德意志雇佣兵艾伯特·比兰特在意大利的维琴察捐建了圣安东尼奥女修道院，他与他的妻子阿奎利娅死后就被葬在这座修道院里。

即使你在生前没有花钱做这些准备，你也需要保证自己在死后能有一个体面的葬礼，会有数量合适的人来为你做祷告。约翰·德弗罗在1385年去世，他在遗书中就要求付钱给穷人，让他们为自己祈祷。遗书写道：

> 我的遗体要葬在伦敦的方济各会教堂中。灵车上要有6根摆成十字架形状的蜡烛，要有6个穿白衣的人举6根火把，每人给40便士的酬劳。葬礼上每个为我的灵魂以及所有基督徒的灵魂而祷告的穷人都能获得1便士的酬劳，出席葬礼的每个方济各会修士能获得40马克酬劳。我希望人们能在我死后为我和我父母的灵魂尽快做完1000次弥撒。

贝特朗·杜·盖克兰在遗书中要求人们在布列塔尼的迪南城

为他每天做一次弥撒，还安排一些朝圣者代表他去布列塔尼的两个圣地朝圣。你会发现很多宗教团体都渴望得到你的捐赠。1346年，意大利的卢卡的两座教堂都想给德意志人约翰·冯·盖斯波尔塞姆做弥撒，因此爆发了不必要的争吵。

坟　墓

　　你可能更关心死后能有很多人来为你的灵魂做弥撒，对坟墓的关心要更少一些。尽管如此，一座好的坟墓能让后代记住你、纪念你。修建坟墓时的一个省钱的做法是在墓上安装一块黄铜做的纪念牌。这种纪念牌在英国非常流行，那里甚至还有专门做这种纪念牌的工坊。纪念牌上可以刻上你自己的样子，英姿飒爽，身穿最新款的盔甲。

两块英格兰的黄铜纪念牌，两个人物分别是马修·德·斯威滕纳姆和约翰·德·克雷克。

纪念牌的问题是样式非常单一，骑士的纪念牌之间往往非常相似。另一个好得多的方法就是令人做一个真人大小的雕像。你可能会想要一个雪花石膏雕像，再涂上颜料，简直跟真人一样。以下就是沃尔特·莫尼的心愿：

> 我希望死后能像约翰·比彻姆爵士在伦敦圣保罗教堂里一样，为我造一座雪花石膏雕像，用骑士的打扮，纹章也要附上。

两块德意志人的墓碑，一块属于在 1349 年当选为德意志国王并于同年去世的贡特尔·冯·施瓦尔兹伯格，另一块属于艾伯特·冯·霍恩洛厄。

如果你的家庭负担得起，你可以考虑在坟墓上盖一个好看的顶篷。要是你运气够好，会有别人出钱帮你盖。当年佛罗伦萨人就想为约翰·霍克伍德建一座豪华的坟墓，却遭到了英国国王理查二世的阻拦，因为他要求将霍克伍德的遗体运回英格兰。佛罗伦萨人只好在主教座堂里画了一幅精美的壁画，以纪念霍克伍德。

复 活

你最好保证自己在下葬的时候身体是一整个。1299 年，教宗博尼费斯八世明令禁止人们把身体的不同部位埋在不同的地方，但是这条禁令执行起来非常难。50 年后，克雷芒五世又废除了这条禁令。从神学上讲，如果下葬时身体不完整，就会带来各种各样的问题。神学家乔巴姆的托马斯就提出过这样的问题：

> 一些人质疑说，既然基督会光荣地复活，并且他的整个身体也充满荣耀，为什么教会说基督在割礼中割下的包皮还留在世间呢？

有一些很出名的战士的遗体就被分别埋在了几个地方，比如罗伯特·布鲁斯。詹姆斯·道格拉斯带着布鲁斯的心脏去西班牙参加十字军运动，可是道格拉斯在战斗中阵亡，布鲁斯的心脏在战场上被人发现，后来被送回苏格兰。但是布鲁斯的心脏没能与身体一同埋在邓弗姆林，而是葬在梅尔罗斯修道院里。等到所有人都复活的时候，这种分开埋葬的做法必定会带来很多不必要的麻烦，因为人们要把你的身体的各个部分弄到一起，可能到最后还是无法凑完整。

回忆录

有一种方法可以让你骑士生涯里的功绩被后世铭记，那就是写一本关于自己的传记。如果你能有幸结识编年史家傅华萨，你的故事就可能出现在他的作品里。除此之外，你可以像阿拉贡国王佩德罗四世那样，写一本自传，不过你可能没有那么多时间。德意志骑士乌尔里希·冯·利希滕施泰因记录了自己的部分骑士生涯，尽管我们现在很难知道他扮成女人去参加比武大会到底是不是认真的。

法国人尤其热衷于用篇幅很长的书来颂扬自己一生的成就。布锡考特的传记在他在世时写完，此书的主要目的是为他担任热那亚总督时的行为做辩护，却也记录了他在 1409 年之前的成就。让·屈弗利耶用诗歌记录了贝特朗·杜·盖克兰的一生，写得很长，却写得很烂。让·卡巴雷·奥维尔也计划为路易·德·波旁写一本长篇著作。出于某些原因，英格兰人从未写过这样的长篇

最后嘱咐

要艰苦训练。反爬梯子是一种很好的训练方法。

✝

在战场上受封为骑士要简单得多。

✝

到米兰去买盔甲。

✝

骑马的时候要把腿蹬直。

✝

眼睛盯着目标，不要盯着自己的枪尖。

✝

不要去履行没必要的或危险的誓言。

✝

找一个聪明的女孩子去爱。

✝

不要参加针对马穆鲁克和土耳其人的十字军运动。

✝

作战的时候要下马。

✝

如果想为旅途弄一个纪念品，可以考虑带回一只豹子。

✝

离大炮远一点，因为它可能会在你眼前爆炸。

✝

尽量少和农民搅和到一起。

✝

不要穿非常容易着火的舞会服装。

✝

在要求赎金时不要太贪婪。

作品，他们只能让钱多斯·赫勒尔德用韵文为黑太子写了一篇简短的传记。在英格兰人之外，德意志人和意大利人也不爱写冗长的传记。

如果你是一名优秀的骑士，就有相当大的机会名利双收。如果你真的特别成功，那么很久之后的人也可能在书里歌颂你的事迹，甚至21世纪的人都可能记得你。

年代表

1302 年　科特赖克战役：佛兰德斯步兵战胜法国军队。

1307 年　劳登山战役：布鲁斯首次大胜英格兰军队。

1314 年　班诺克本战役：苏格兰军队战胜爱德华二世率领的英格
　　　　兰军队。

1315 年　莫尔加滕战役：瑞士军队战胜奥地利的利奥波德。

1317 年　威尔代尔战役：爱德华三世第一次在英格兰以北对抗苏
　　　　格兰人。

1328 年　卡塞勒战役：法军战胜了佛兰德斯军队。

1332 年　杜普林沼地战役：英格兰军队战胜了一支规模更大的苏
　　　　格兰军队。

1333 年　哈利登山战役：爱德华三世战胜苏格兰人。

1339 年　法军和英军最终未能在不龙福斯交战。

1340 年　帕拉比亚戈（米兰附近）战役：米兰军队打败了圣乔治
　　　　军团。

1340 年　斯莱斯战役：英格兰舰队在低地国家打败了法国舰队。

1340 年　英格兰军队及其盟友在图尔奈围城战中战败。

1344 年　十字军在西班牙成功夺取阿尔赫西拉斯。

1346 年　克雷西战役：英军战胜法军。

1346 年　内维尔十字之战：苏格兰国王大卫二世被英格兰俘虏。

1352 年　莫龙战役：英军战胜法军。

1356 年　普瓦捷战役：英军战胜法军，并俘虏了法国国王约翰二世。

1360 年　英法签订《布列丁尼和约》。

1367 年　纳胡拉战役：战役发生在西班牙，参战双方一方是黑太子支持的卡斯蒂利亚国王彼得，另一方是特拉斯塔马拉的亨利带领的军队。

1382 年　罗泽贝克战役：法军战胜佛兰德斯军队。

1385 年　阿尔茹巴罗塔战役：在英军的协助下，葡萄牙军队战胜了法国和卡斯蒂利亚王国的联军。

1387 年　卡斯塔尼亚罗战役：约翰·霍克伍德率领的帕多瓦军队打败了维罗纳军队。

1396 年　尼科波利斯战役：十字军在巴尔干半岛被土耳其人击败。

1410 年　坦能堡（格伦瓦尔德）战役：波兰军队战胜了条顿骑士团。

1415 年　阿金库尔战役：英军战胜了法军。

出版后记

骑士或许是最能代表中世纪的符号之一。他们在中世纪是军事精英，广泛参与军事和政治事务。而在文化中，无论是作为人物的亚瑟王、罗兰，还是作为组织的骑士团，都经常在当代的小说、游戏之中出现。

而本书从"指导你成为优秀骑士"的角度，提供了方方面面的建议，并引用具体的事例来佐证这些建议。或许本书描述的骑士没有那么浪漫，甚至在欺压农民等方面显得有些卑劣。希望年轻的读者不要模仿本书中的"建议"，只将它们当成知识，用来了解历史上的骑士即可。

服务热线：133-6631-2326　188-1142-1266

读者信箱：reader@hinabook.com

后浪出版公司

2021 年 7 月

图书在版编目（CIP）数据

骑士 /（英）迈克尔·普雷斯特维奇著；孙宇超译 . —— 广州：广东旅游出版社, 2021.12（2023.6 重印）
书名原文：Knight: The Medieval Warrior's (Unofficial) Manual
ISBN 978-7-5570-2600-4

Ⅰ . ①骑… Ⅱ . ①迈… ②孙… Ⅲ . ①骑士 (欧洲中世纪) —历史 Ⅳ . ① D59

中国版本图书馆 CIP 数据核字 (2021) 第 186599 号

Knight: The Medieval Warrior's (Unofficial) Manual
Published by arrangement with Thames and Hudson Ltd, London
Copyright © 2010 Thames & Hudson Ltd,London
This edition first published in China in 2021 by Ginkgo (Beijing) Book Co., Ltd Beijing
Chinese edition © 2021 Ginkgo(Beijing) Book Co., Ltd

本书简体中文版权归属于银杏树下（北京）图书有限责任公司。
图字：19-2021-237 号
审图号：GS（2021）4933 号

出 版 人：刘志松	选题策划：后浪出版公司
著　者：[英]迈克尔·普雷斯特维奇	译　者：孙宇超
出版统筹：吴兴元	责任编辑：方银萍
编辑统筹：方 宇 张 鹏	特约编辑：苏才隽
责任校对：李瑞范	责任技编：冼志良
装帧设计：墨白空间·李国圣	营销推广：ONEBOOK

骑士
QISHI

广东旅游出版社出版发行
（广州市荔湾区沙面北街71号）
邮编：510130
印刷：北京天宇万达印刷有限公司　　　开本：787毫米×1092毫米　　32开
字数：153千字　　　　　　　　　　　　印张：7.75
版次：2021年12月第1版　　　　　　　　印次：2023年6月第2次印刷
定价：56.00元

后浪微信｜hinabook

筹划出版｜银杏树下

出版统筹｜吴兴元｜**编辑统筹**｜方　宇　张　鹏

责任编辑｜方银萍｜**特约编辑**｜苏才隽

装帧制造｜墨白空间·李国圣｜mobai@hinabook.com

后浪微博｜@后浪图书

读者服务｜reader@hinabook.com 188-1142-1266

投稿服务｜onebook@hinabook.com 133-6631-2326

直销服务｜buy@hinabook.com 133-6657-3072

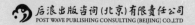
后浪出版咨询(北京)有限责任公司
POST WAVE PUBLISHING CONSULTING (BEIJING) CO.,LTD